아하! 바이블 큐브

시즌 3

차례

4 나를 상징하는 물건

5 나의 동물 짝꿍

6 너의 이름은

찬양 악보

짝꿍

『아하! 바이블 큐브』 시즌3 주제는 '짝꿍'입니다.

이번 시즌의 주제는 '짝꿍'입니다. 짝꿍의 사전적 의미는 '짝을 이루는 동료'나 '뜻이 맞거나 매우 친한 사람'입니다. 한국 드라마 〈오징어 게임〉이 전 세계적으로 큰 관심을 받으며 '깐부'라는 말이 널리 퍼지기도 했습니다. 깐부 역시 놀이할 때 같은 편 또는 한 팀을 뜻하는 속어입니다. 특히 어린 시절에는 이렇게 친구끼리 짝을 이루어 함께 놀기도 하고 도와주기도 합니다. 그러나 꼭 사람 사이에만 짝이 있는 것은 아닙니다.

어떤 사람을 생각할 때 함께 떠오르는 물건이 있다면, 예를 들어 마리아와 향유처럼 사람과 물건이 짝이 될 수도 있습니다. 때로는 베드로와 닭 또는 가룟 유다와 은돈 30냥처럼 좋지 않은 이미지와 짝을 이루는 경우도 있습니다. 또 사람의 외적 특징이 그와 짝이 되기도 합니다. 삼손의 머리털, 낙타털 옷을 입은 세례 요한처럼 말이죠. 어떤 경우에는 다니엘과 사자, 큰 물고기와 요나처럼 사람과 동물이 짝이 되고, 때로는 한 사람의 옛 이름과 새 이름이 짝을 이루기도 합니다. 대표적으로 아브라함을 꼽을 수 있습니다.

이번 시즌에는 이렇게 성경 인물들뿐만 아니라 사건이나 이야기에 등장하는 '짝'을 다룹니다. 예수님이 행하신 기적 이야기와 특히 사순절 기간에 예루살렘에 들어가 십자가에서 돌아가실 때까지 있었던 일들을 알아보고, 그 일들이 각각 어떤 물건과 연관되어 있는지를 살펴보면서 성경을 새롭고 흥미롭게 다시 읽어 보려 합니다.

특정한 사람이나 사건을 나타내는 표지(標識)나 물건 등을 '상징'이라고 합니다. 상징에는 약속과 합의로 만들어져 전통적으로 내려오는 것도 있지만, 어떤

시즌 3

특별한 순간에 새로운 의미가 생겨 상징이 되는 경우도 있습니다. 이는 약속이나 합의, 전통은 물론 저마다의 경험과 체험을 통해 새로운 상징이 만들어지기도 한다는 뜻입니다. 이번 시즌에 등장하는 사람, 사물, 동물은 이미 전통적이고 교회적인 의미를 가진 상징들입니다. 그러나 성경을 배우면서 어린이들 스스로 그 위에 자신의 이야기를 덧입혀 새로운 의미들을 만들어 가기를 바랍니다. 상징을 통한 신앙교육은 성경의 다양한 인물과 사건을 훨씬 쉽게 배우고 익히게 하고, 호기심과 흥미를 유발하는 데도 유용할 것입니다.

이번 시즌은 총 6개의 단원으로 구성되었으며, 각각의 제목과 주제는 아래와 같습니다.

단원	제목	주제
1단원	나를 도와주는 짝꿍	우리 곁에는 어려울 때 지혜와 위로, 도움을 주는 이들이 있다.
2단원	예수님의 기적	예수님은 지금도 여전히 놀라운 기적을 펼치신다.
3단원	예루살렘의 사람들	예수님의 예루살렘 입성 후 일주일간 있었던 이야기 (사순절)
4단원	나를 상징하는 물건	내가 가진 것이 곧 나다.
5단원	나의 동물 짝꿍	하나님은 동물을 통해서도 당신의 뜻을 펼치신다.
6단원	너의 이름은	새 이름을 주시다.

부활 주일

나는 부활의 **증인이야!**

배울 말씀 마태복음 28장 16~20절

새길 말씀 그러므로 너희는 가서 모든 민족을 제자로 삼아 아버지와 아들과 성령의 이름으로 세례를 베풀고 내가 너희에게 분부한 모든 것을 가르쳐 지키게 하라 (마 28:19~20상반절)

오늘은 부활절, 부활주일입니다. 예수님을 믿는 전 세계 기독교인들이 지키는 가장 큰 축제일이 두 가지 있는데, 하나가 성탄절이고, 다른 하나가 바로 오늘, 부활절이에요. 성탄절이 대단한 축제일이라는 사실은 여러분도 이미 잘 알고 있을 거예요. 성탄절에는 교회뿐 아니라 백화점도 마트도, 눈에 보이는 모든 곳이 화려한 장식과 함께 들썩들썩 즐거운 분위기로 가득하니까요. 그런데 부활절 역시 성탄절만큼 크고 아름다운 축제의 날이라는 사실은, 여러분도 세상 사람들도 잘 모르는 것 같아요. 그래서 오늘은 여러분과 함께 이날이 왜 기쁘고 복된 축제의 날인지를 알아보려고 해요.

예수님께서 '유대인의 왕'이라는 조롱 섞인 명패를 달고 십자가에서 죽으신 지 3일이 지났어요. 이 억울하고 슬픈 죽음은 이대로 역사 속에 영영 묻히는 것 같았답니다. 그런데 그날 아침, 예수님의 끝은 또 다른 시작이 되었어요. 예수님의 제자들이 부활하신 예수님과 만났거든요. 이럴 수가! 빈 무덤을 보고 뛰어온 여인들이 입을 모아 외친 놀라운 소식은 "예수님이 다시 살아나셨다!"였어요.

부활하신 예수님은 그 뒤로 제자들에게 나타나셨어요. 그리고 다시 하나님께로 돌아가시기 전, 함께 모인 제자들에게 마지막 명령을 하셨어요. 그 명령이 바로 오늘 우리가 함께 읽은 마태복음 말씀이에요. 한번 상상해 보세요. 내가 당시 그 자리에서 부활하신 예수님을 만나는 제자 중 한 명이 돼 보는 거예요. 그리고 예수님이 찾아와 하시는 말씀을 들어 보세요. "너희는 가서 모든 민족을 제자로 삼아라. 하나님 아버지와 하나님의 아들과 성령의 이름으로 세례를 주어라. 그리고 내가 너희와 영원히 함께한다는 사실, 너희를 영원히 사랑한다는 이 사실을 알려 주렴. 하나님을 사랑하고 이웃을 사랑하고, 죽음 뒤에 영원한 삶이 반드시 있다는 사실을 가르쳐 주렴. 이곳에서 내가 분부한 모든 것을 지키면서 살다가, 천국에서 다시 만나자. 나는 천국에서 너희와 함께 거할 집을 마련해 놓으마."

제자들에게 이렇게 말씀하신 예수님은 그들이 보는 앞에서 구름을 타고 하늘로 올라가셨어요. 이 일의 증인이 된 사람들은 기쁨과 흥분으로 가득해 가만히 있을 수 없었어요. 그래서 아직 이 일을 알지 못하는 다른 사람들에게 이 기쁜 소식을 끊임없이 알렸죠. 예수님이 부탁하신 대로 모든 민족에게 다시 사신 예수님에 대해

말해 주고, 이 소식을 믿는 이들에게 세례를 베풀었어요. 저와 여러분도 그렇게 예수님을 알게 된 사람들이죠.

사랑하는 어린이 여러분! 예수님은 과거의 역사 속에 존재하다가 지금은 사라지고 안 계신 분이 아니에요. "예수님은 죄와 죽음을 이기시고 영원히 살아 계시다!" 예수님의 빈 무덤이 세상을 향해 이렇게 선포하고 있어요. 예수님은 지금도 살아서 우리와 함께하시는 분이에요. 그래서 우리는 지금도 여전히 예수님을 만날 수 있는 거예요.

예수님이 부활해 하늘로 올라가신 후에도 사람들은 계속해서 예수님을 만났어요. 사도 바울도, 신약 성경의 많은 사람과 우리도 부활하신 예수님을 만난 사람들이죠. 이뿐만 아니라 지금도 세계 곳곳에서 예수님을 만나고 있는 수많은 이들이 예수님이 살아 계시다는 증거이자 증인이에요.

살아 계신 예수님은 '이 세상이 끝나는 날까지' 우리와 항상 함께하겠다고 약속하셨답니다. 우리와 함께 계시며 우리를 영원히 사랑하고 언제까지나 도우시죠. 이 소식이야말로 온 세상 모두에게 알리고 전할 만한 가장 기쁜 소식이 아니겠어요? 그래서 예수님이 다시 살아나신 것을 기념하고 기뻐하는 부활절은 우리에게 가장 행복하고 기쁜 축제의 날이 되는 거예요.

지금껏 수많은 화가와 조각가들이 벽화와 유화, 스테인드글라스와 조각으로 부활을 알렸어요. 작곡가들은 기쁜 마음과 환희가 가득한 노래를 만들어 수많은 사람이 예수님의 부활을 연주하고 부를 수 있게 했죠. 건축가들은 건물을 통해, 작가들은 시와 이야기를 통해 부활 소식을 전했답니다. 우리도 이렇게 여러 방식으로 이 세상에 예수님의 부활을 알릴 수 있어요.

오늘 하루, 우리는 어떤 방법으로 예수님의 부활을 전할 수 있을지 생각해 보기로 해요. 지금도 여전히 살아 계신 예수님을 전하는 일이야말로 우리가 해야 할 가장 중요하고 기쁜 일임을 기억하면서 말이죠. 지금도 살아 계셔서 우리와 함께하시는 예수님을 알리는 날! 이것이 바로 부활절이 우리에게 기쁘고 복된 축제의 날인 이유랍니다. 부활절인 오늘, 여러분 모두가 부활의 증인임을 깨닫고 기뻐할 수 있기를 진심으로 축복해요.

함께 기도해요

살아 계신 하나님, 감사합니다. 예수님의 부활은, 지금도 여전히 살아 계신 예수님을 만날 수 있음을 알려 주는 가장 기쁜 소식임을 알았어요. 우리가 모든 이들에게 이 소식을 알릴 부활의 증인임도 깨달았어요. 언제나 어디서나 살아 계신 예수님을 기쁜 마음으로 전할 수 있게 도와주세요. 예수님의 이름으로 기도합니다. 아멘.

환경 선교 주일

또 하나의 짝꿍, **자연**

배울 말씀 창세기 1장 9~13절

새길 말씀 하나님이 이르시되 땅은 풀과 씨 맺는 채소와 각기 종류대로 씨 가진 열매 맺는 나무를 내라 하시니 그대로 되어 땅이 풀과 각기 종류대로 씨 맺는 채소와 각기 종류대로 씨 가진 열매 맺는 나무를 내니 하나님이 보시기에 좋았더라 (창 1:11~12)

하나님이 천지를 창조하시던 세 번째 날에 있었던 일이에요. 하나님은 바닷물을 모아 바다를 만들어 자연스럽게 땅이 드러나게 하셨어요. '자, 이제 땅에 생명을 심어야겠다.' 하나님은 풀과 채소와 나무를 땅에 가득 만드셨어요. 그리고 이것들이 스스로 자라 그 수를 늘려가도록 하셨지요. 이제 풀과 채소와 나무들은 하나님이 만드신 땅에서 물을 빨아들여 쑥쑥 자라고 숲을 울창하게, 들을 드넓게 만들어가겠죠.

시간이 흘러, 하나님이 창조하신 땅에서 사람이 무리를 짓고 살고 있을 때였어요. 잘 보니, 씨앗이 심긴 곳에서 싹이 솟아나고, 무럭무럭 자라 큰 풀이 되는 것이 아니겠어요? '아하~ 이 풀은 습한 곳에서 잘 자라고, 이 풀은 싹이 나더라도 햇빛이 있어야 크는구나! 정말 신기한걸?' 사람들은 해가 잘 드는 곳에 씨를 모아 땅에 뿌리기를 몇 번이나 반복하더니, 결국 식량이 될 만한 식물을 키우는 데 성공했어요. 그리고 다른 사람들에게도 가르쳐 주었고, 오늘 우리는 이것을 농사라고 말해요. 사람들은 하나님이 이미 만드신 식물이 생육하는 과정을 관찰해 그 자라는 일이 더 잘되도록 했던 거예요.

그런데 이건 어떤가요? 시간이 더 많이 흐른 뒤 한 숲에 사람이 찾아왔어요. "이곳은 우리가 산 땅입니다. 이제 여기에 세계에서 가장 큰 커피농장을 만들 겁니다. 그러려면 우선 저 나무들을 싹 정리해야겠죠?" 땅 주인이 시키는 대로 사람들은 얕은 산의 나무를 모조리 잘라내 땅이 드러나게 했어요. 그리고 그 땅에 커피나무 묘목을 심었지요. 한때는 다양한 종류의 식물들로 울창했던 숲이 지금은 온통 커피나무로 가득 찼어요. 커피나무 묘목은 햇빛을 받고, 땅 주인이 주는 물을 빨아들이며 쑥쑥 자라 커피콩 열매를 만들어낼 거예요. 그리고 그 커피콩들은 어른들이 마시는 커피가 되겠죠? 그러면 아마 땅 주인은 이렇게 말할 거예요. "이것 봐, 좋잖아? 쓸모없는 나무를 베어내고 돈이 되는 커피나무를 심기 정말 잘했어."

자, 어떤가요? 나무를 땅에 심고 잘 자라도록 물도 주고 관리하였으니, 햇빛과 물을 먹고 자라 열매를 맺게 하신 하나님의 뜻대로 한 일이지요? 그런데 땅 주인이 한 일은 정말 잘하기만 한 일일까요? 그렇지 않아요. 땅 주인은 그 숲을 없애고 커피농장으로 만들어 돈을 벌어 이 일이 '좋다'고 하였지만, 그 숲에 살던 동물들에게는 어떨까요? 그 숲에서 다양한 열매를 따서 시장에 팔던 사람은 어떻게 생각할까요? 이 땅 주인만이 아니라 더 많은 땅의 주인들이 나무를 베어내고 목화밭, 사탕수수밭, 차밭으로 만들면 어떻게 될까요? 땅 주인의 말대로 세상이 점점 좋아지는 것일까요?

아니에요. 땅을 가질 수 있는 몇몇 땅 주인들을 제외한 다른 주민들은 이 일로 불편함을 겪을 것이고, 숲에 살던 생물들에게는 너무나 큰 재앙이에요. 또 다양한 종류의 나무 중에 사람에게 이익이 되는 나무만 남기고 다 베어버리는 것은 모든 식물을 땅에 자라게 하신 하나님이 보시기에 좋지 않은 일이에요.

하나님은 모든 식물과 동물들을 만드신 후, 마지막 날에 사람을 지으시고 이렇게 말씀하셨어요. "생육하고 번성하여 땅에 충만하라, 땅을 정복하라, 바다의 물고기와 하늘의 새와 땅에 움직이는 모든 생물을 다스리라." 사람들은 이 말씀을 읽으면서 '역시 우리가 이 세상을 다스리는 일은 당연한 거였어.'라고 생각하며 세상의 많은 생물을 어떻게 다스릴지를 고민했어요. 하지만 하나님이 말씀하신 것은 '다스리는 것'만이 아니었죠. 하나님은 '생육하고 번성하여 땅에 충만하라'고 하셨어요. 이것은 우리도 하나님이 만드신 세상에서 하나님이 만드신 목적에 따라 살아가야 한다는 뜻이에요. 나무를 옮겨 심는 것부터 먹고 싶은 과일을 기르는 일까지 우리는 그 식물들을 우리 생각대로 이용해요. 하지만 하나님이 만드신 법칙을 깨뜨리거나

목적에 어긋나게 해서는 안 돼요. 무엇보다 자연이 파괴되어 사람을 비롯한 수많은 생명이 점점 살 수 없게 되는 일은 없어야 해요.

그런데 오늘날 우리 환경은 어떤가요? 세계 곳곳의 울창한 숲이 점점 사라지고

있대요. 살아가는 데 편리한 물건을 만들기 위해 지은 공장에서 나오는 연기가 공기를 탁하게 만들어 숨 쉬는 것을 불편하게 만들고 있어요. 한편으로 보면 사람에게 이로운 일을 하기 위해 자연을 다스리는 것처럼 보이지만, 사실은 사람은 물론이고 다른 생명들까지 생육하고 번성하기 어렵게 자연을 파괴하는 것이죠. 자, 그럼 어떻게 해야 할까요? 어떻게 해야 사람도 이로우면서 자연도 파괴되지 않을 수 있을까요?

그 답은 바로, 사람들을 향한 첫 번째 명령에 있어요. '생육하고 번성하여 땅에 충만하라.' 자연을 사람들 마음대로 사용해도 될 재료로, 우리 자신을 그 재료를 사용할 주인으로 생각하는 것이 아니라, 사람도 자연 속에서 생육해야 할 자연의 일부임을 인정하며 그렇게 사는 거예요. 이렇게 하나님이 만드신 세상의 좋은 짝이 되는 것이 하나님의 명령을 따르는 길, 모두가 행복할 수 있는 길이랍니다.

함께 기도해요

하나님, 오늘 말씀을 통해 하나님이 만드신 자연과 더불어 사는 일을 생각해 보았습니다. 자연을 마음대로 이용하는 것이 아니라, 함께 생육하고 번성해야 할 짝으로 여기게 도와주세요. 그래서 하나님이 만드신 이 세상을 오래오래 보존하고 지킬 수 있게 도와주세요. 예수님의 이름으로 기도합니다. 아멘.

1 단원

나를 도와주는 짝꿍

주제 **우리 곁에는 어려울 때 지혜와 위로, 도움을 주는 이들이 있다.**

1단원은 힘들고 어려울 때 내게 지혜와 위로, 도움을 주는 이들에 관한 이야기입니다. 인간은 본래 홀로 살아갈 수 없으며, 혼자서 모든 일을 하는 것은 불가능합니다. 태어날 때부터 평생 주위 사람들과 도움을 주고받으며 살아갑니다. 성경의 위대한 인물들도 모두 그랬습니다. 과연 그들 곁에는 어떤 짝꿍이 있었을까요?

1과는 이스라엘 백성이 광야에서 생활하던 당시 장인 이드로가 모세를 방문했을 때의 일입니다. 이드로는 백성이 모세에게 묻고 답을 듣기 위해 아침부터 저녁까지 줄지어 서 있는 것을 보게 되었습니다. 그는 이렇게 일하다가는 모세도, 백성도 모두 지치게 될 것이라면서 백성 중에 유능한 사람을 세워 그들에게 재판을 맡기라고 했습니다. 모세는 이드로의 조언을 따랐습니다. 그 덕분에 모세는 재판의 짐을 덜고, 하나님께서 명하시는 일을 더 잘할 수 있게 되었습니다.

2과는 다윗이 맏아들 압살롬에게 쫓기던 때의 일입니다. 후새는 다윗의 신하로, 압살롬을 물리치는 데 중요한 역할을 했습니다. 다윗이 예루살렘에서 도망칠 때, 후새는 다윗의 부탁으로 다시 예루살렘으로 돌아갔습니다. 그리고 거짓으로 압살롬을 섬기면서 그의 조언자가 되어 반역을 실패로 만들었습니다. 다윗은 후에 자기를 위해 목숨을 걸고 예루살렘으로 돌아갔던 후새를 친구라고 불렀습니다.

3과는 바울이 두 번째 선교 여행 때 소아시아 루스드라(현재 터키)에서 디모데를 처음 만난 이야기입니다. 디모데의 출생 – 어머니는 유대인, 아버지는 헬라인 – 은 바울에게 전혀 문제가 되지 않았습니다. 당시 디모데는 이미 루스드라와 이고니온의 신자들에게 훌륭한 청년이라는 평판을 듣고 있었기 때문입니다. 그래서 흔쾌히 디모데와 함께 전도 사역을 시작했습니다. 누군가와 짝꿍이 되는 데 국적이나 민족은 장애가 될 수 없습니다.

4과는 아이를 낳을 것이라는 천사의 고지를 들은 마리아가 엘리사벳을 찾아간 이야기입니다. 당시 나이 많은 엘리사벳도 세례 요한을 임신한 상태였습니다. 엘리사벳은 처녀의 몸으로 임신한 마리아를 기꺼이 맞아 주고 축복해 주었습니다. 마리아는 3개월 동안 그 곁에 머물며 큰 위로를 받고 쉼을 얻었습니다.

빌립보서 2장 4절

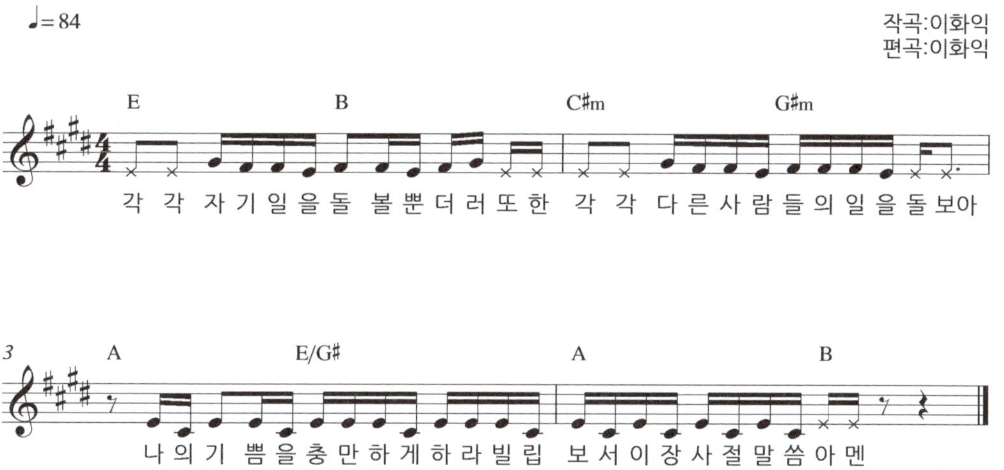
♩= 84
작곡:이화익
편곡:이화익
E B C#m G#m
각 각 자 기 일 을 돌 볼 뿐 더 러 또 한 각 각 다 른 사 람 들 의 일 을 돌 보아
3 A E/G# A B
나 의 기 쁨 을 충 만 하 게 하 라 빌 립 보 서 이 장 사 절 말 씀 아 멘

1단원

1 마음을 **담아**

배울 말씀 출애굽기 18장 9~27절

새길 말씀 이에 모세가 자기 장인의 말을 듣고 그 모든 말대로 하여 모세가 이스라엘 무리 중에서 능력 있는 사람들을 택하여 (출 18:24~25상반절)

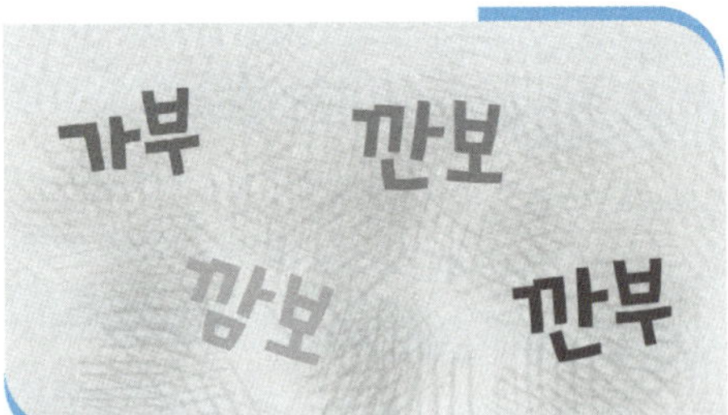

'가부', '깜보', '깐보', '깐부'라는 단어가 어떤 뜻인지 알고 있나요? (단어 하나씩 보여 준다.) 영화에서 유명해진 단어인데, 딱지치기나 구슬치기를 할 때 같은 편을 의미해요. 쉬운 말로는 '짝꿍', '동지'의 단어가 있어요. 우리는 성경 속에서의 깐부, 즉 성경 속에서의 짝꿍을 살펴보려고 해요.

(그림자만 보여 준다.) 오늘은 어떤 짝꿍이 기다리고 있을까요? (그림을 보여 준다.) 바로 모세와 이드로예요. 짝꿍은 같은 나이의

친구로만 가능한 걸까요? 또래가 아니더라도 가족끼리 좋은 짝꿍이 될 수 있어요.

모세는 십보라와 결혼했고, 십보라의 아버지인 장인어른이 이드로였어요. 모세가 이스라엘 사람들을 애굽에서 데리고 나올 때 모세는 장인어른과 멀리 떨어져서 지냈어요. 하나님의 도우심으로 모세와 60만 명 이상의 이스라엘 사람들은 애굽에서 나올 수 있었어요. 이들이 광야에서 지낼 때 모세는 이드로를 다시 만났어요. 두 사람은 오랜만에 만나서 반갑게 인사를 나누었고, 그동안 하나님께서 어떻게 도와주시고 인도해 주셨는지 이야기를 나누었어요.

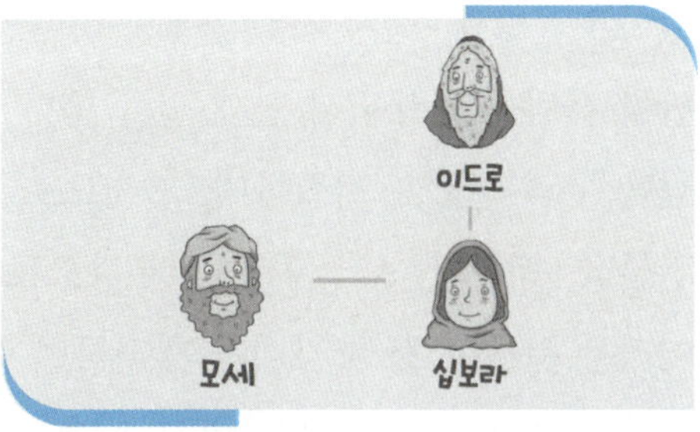

이드로는 이스라엘 사람들 사이에 문제가 생기면 모세에게 가서 도움을 요청하는 것을 보았어요. 모세를 찾아온 사람들이 얼마나 많았는지 모세는 아침부터 저녁까지 쉬지도 못하고 계속 재판을 했죠. 판결을 내리는 사람이 모세 단 한 사람밖에 없었기 때문에 이드로는 모세가 너무나도 힘들어 보였어요. 그것을 이상하게 여긴 이드로는 모세에게 물었어요. "모세, 왜 혼자서 일을 하고 있나?" 그러자 모세가 대답했어요. "백성들이 하나님의 뜻을 알고자 저를 찾아오기 때문입니다. 문제가 생겼을 때 재판을 해주고, 하나님의 법을 알려 주고 있습니다."

이드로는 하루 종일 일해야 하는 모세와, 모세를 만나려고 한없이 기다려야 하는 사람들 모두가 안타까웠어요. 그래서 모세에게 두 가지의 좋은 방법을 알려 주

었어요. "모세, 먼저 사람들에게 하나님의 법을 알려 주게. 다음으로는 자네처럼 재판할 사람들을 세워서 함께 일을 행하게. 그러나 아무나 재판관으로 삼지 말고 하나님을 두려워하고, 진실하며, 거짓으로 이득을 보지 않는 사람들을 선택하게. 그들을 천부장, 백부장, 오십부장, 십부장으로 세우는 걸세. 쉬운 문제는 그들이 재판하고, 어려운 문제는 모세 자네가 재판하면 어떻겠나?" 이처럼 도움이 될 수 있는 말을 조언이라고 해요. 이드로는 미디안 땅의 지도자였기 때문에 어떻게 해야 잘 다스릴 수 있는지 좋은 방법을 알려 줄 수 있었어요.

모세도 한 나라의 지도자이기 때문에 이드로의 말을 듣고 자존심이 상하거나 마음이 불편할 수도 있어요. 하지만 모세는 이드로의 말을 잔소리가 아닌 조언으로 받아들였어요. 그래서 백성들에게 하나님의 법이 어떤 것인지 알려 주었고, 여러 사람을 세워서 함께 일을 했어요. 모세는 예전보다 부담감이 줄어들었고, 백성들도 필요할 때마다 십부장, 오십부장, 백부장, 천부장에게 찾아가서 물어보았지요. 모세와 이스라엘 백성들 모두에게 좋은 방향으로 나아갈 수 있게 되었어요.

여러분은 어려움에 처한 짝꿍을 봤을 때 이드로처럼 조언을 하는 편인가요, 아니면 짝꿍이 스스로 해결하라고 가만히 있는 편인가요? 다른 사람을 위해 도움주는 말을 할 때에는 짝꿍을 위하는 마음을 가득 담아서 해야 해요. 조금이라도 짝꿍이 부족하다고 생각해서 그 사람을 무시하거나 깎아내리는 마음으로 하지 않아야 해요. 그리고 자신이 잘났다고 생각해서 자랑하거나 으스대는 태도로 하면 안 돼요. 진정으로 짝꿍을 사랑하는 마음에서 해야 하고, 말투나 억양을 조심스럽게 해야 하지요.

조언을 받는 모세는 어떻게 해야 할까요? 어떤 친구는 잔소리라고 생각해서 기분나빠하며 한 귀로 듣고 한 귀로 흘려보낼 수도 있어요. 또 어떤 친구는 자신이 부족하다고 생각해서 상대방의 의견을 경청할 수도 있어요. 우리에게 들려오는 여러 가지 소리가 있어요. 그 소리들이 진정으로 우리를 위한 소리인지, 하나님의 말씀에 맞는 것인지 생각해 봐야 해요.

우리는 살면서 하나님께서 보내 주신 짝꿍들을 만나게 돼요. 그 짝꿍들과 함께 살아가면서 여러 가지 이야기를 나눌 텐데, 이드로와 모세와 같이 서로에게 도움을 주는 말을 하거나 듣는 시간이 있을 거예요. 두 사람 모두가 상대방을 생각하는 마음을 담아서 말하고 듣는 것을 통해 좋은 방향으로 나아가길 바랍니다. 그리고 하나님께서도 우리에게 조언하실 때가 있어요. 하나님께서 마음을 가득 담아 성경 말씀을 통해서, 설교 말씀을 통해서 우리에게 말씀해 주시지요. 하나님의 마음을 담은 조언을 잘 새기는 친구들이 되길 바랍니다.

함께 기도해요

지혜의 하나님, 언제나 우리에게 하나님의 지혜를 조언해 주시고 말씀해 주셔서 감사합니다. 때로는 주변 사람들을 통해서도 깨닫게 해 주셔서 감사합니다. 도움의 말들을 들을 때 경청하기를 원합니다. 그리고 누군가에게 조언할 때는 하나님의 마음을 가득 담아 상대방을 위하는 마음으로 하길 원합니다. 날마다 하나님의 지혜로 살아갈 수 있게 도와주세요. 예수님의 이름으로 기도합니다. 아멘.

1단원

2 진정한 **친구**

배울 말씀 사무엘하 15장 30~37절, 17장 14~16절

새길 말씀 다윗의 친구 후새가 곧 성읍으로 들어가고 압살롬도 예루살렘으로 들어갔더라 (삼하 15:37)

지난주의 짝꿍은 누구였죠? 짝꿍에게 마음을 담아 조언한 이드로와 조언을 들은 모세였어요. 이번 주의 짝꿍은 다윗과 후새입니다. 다윗은 어떤 사람인가요? 맞아요, 한 나라의 왕이에요. 후새는 다윗 왕의 신하입니다. 어느 날 다윗 왕에게 어려운 일이 생겼어요. 다윗 왕의 아들이었던 압살롬이 왕이 되기 위해 군대를 이끌고 아버지 다윗 왕이 있는 예루살렘에 들어가려고 했어요. 그러자 다윗 왕은 가족과 사람들을 데리고 예루살

렘 성에서 도망쳤어요. 후새는 도망자 신세가 된 다윗을 옆에서 도우려고 했어요.

다윗은 후새에게 더 좋은 방법으로 도와달라고 말했어요. “그대는 예루살렘 성으로 가서 압살롬에게 ‘왕이시여, 내가 왕의 종입니다. 왕의 아버지를 섬겼던 것처럼 왕을 충성스럽게 섬기겠습니다.’라고 말하게. 그리고 압살롬과 함께 있는 아히도벨의 계획을 쓸모없는 것으로 만들어서 나를 도와주길 바라네.”

왕의 옆에는 참모관, 고문관, 모사라고 하는 사람이 있어요. 이들은 왕이 어떤 문제에 대해 질문했을 때 자신의 의견을 이야기하면서 왕에게 중요한 도움을 주는 사람이에요. 다윗 왕의 옆에도 그런 사람들이 있었어요. 그중의 하나가 후새이고요, 아히도벨이라는 사람도 있었어요. 그런데 아히도벨은 다윗을 버리고 압살롬의 편이 되었어요. 후새가 다윗과 함께 가는 것도 참 좋은 일이지만, 다윗은 후새에게 압살롬 곁에 있으면서 아히도벨이 내는 꾀를 압살롬이 듣지 못하게 해 달라고 부탁했어요.

다윗은 또 이렇게 말했어요. “왕궁에서 일어난 모든 일을 나에게 알려주길 바라네.” 후새는 압살롬 편에 있으면서 그 정보들을 전달해 달라고 부탁했어요. 여러분, 이 일들이 쉬운 것이었을까요? 너무나도 어려운 일이었어요. 왜냐하면 압살롬에게 들키면, 그 사람은 죽을 수도 있기 때문이에요. 후새가 다윗의 이야기를 듣고 압살롬에게 가는 것은 자신의 목숨을 걸면서까지 다윗에게 도움을 주려고 했던 거예요. 후새는 마음을 단단히 하고 예루살렘 성으로 들어갔어요.

압살롬과 아히도벨, 압살롬을 따르는 사람들도 예루살렘에 도착했어요. 후새는 압살롬을 만나자마자 이렇게 외쳤어요. “압살롬 왕이여, 만세! 압살롬 왕이여, 만세!" 압살롬은 평소 다윗과 친하게 지냈던 후새가 다윗을 따라가지 않고 자신에게 와서 이렇게 말하는 것을 이상하게 여기며 물었어요. "어찌하여 당신의 친구 다윗과 함께 가지 아니하였는가?" 그러자 후새는 말했어요. "저는 하나님과 이스라엘 사람들이 택한 사람과 함께할 것입니다. 당신은 다윗의 아들이 아닙니까? 예전에 왕의 아버지를 섬긴 것과 같이 제가 왕을 섬기겠습니다." 압살롬은 후새에게 마음을 열게 되었어요.

아히도벨은 압살롬에게 다윗을 해칠 전략을 말했어요. "왕이시여, 제가 오늘 밤에 다윗의 뒤를 쫓아가서 죽이겠습니다." 압살롬은 아히도벨의 이야기를 좋게 여겼어요. 하지만 후새의 이야기도 듣고 싶었어요. "후새, 아히도벨은 오늘 다윗의 뒤를 쫓자고 하는데, 당신의 생각은 어떻소?" 후새는 이것이 기회라는 생각이 들어서 이렇게 이야기했어요. "그 방법은 좋지 않습니다. 오히려 이스라엘 전체에서 사람들을 모은 후에 다윗 왕을 쫓아가는 것이 좋습니다." 이 말을 들은 압살롬은 후새의 방법이 아히도벨의 방법보다 더 좋다고 생각했어요.

후새는 다윗에게 아히도벨의 계획과 자신의 계획을 알리고, 되도록 빨리 강을 건너서 먼 곳까지 도망가라고 했어요. 아히도벨의 계획대로 했다면 다윗은 죽을 뻔했지만, 후새의 계획대로 해서 다윗은 시간을 벌고 목숨을 건지게 되었지요. 후새는 다윗이 어려움에 처했을 때 적극적으로 도움을 주었던 짝꿍이에요.

친구가 어려움에 처했을 때 어떻게 도와줄 수 있을까요? 어떤 초등학교에서 친구에게 도움을 주었던 일이 있어서 소개하려고 해요. 운동회가 열리던 날 5명의 친구들이 함께 달리기 시합을 하는데, 2등으로 달리던 친구가 앞서가려고 하다가 넘어지고 말았어요. 3등으로 오던 친구가 모른 척하고 앞질러 가지 않고, 오히려 넘어진 친구를 일으켜 세워주었어요. 그리고 1등으로 달리던 친구도, 4등과 5등으로 오던 친구들도 넘어진 친구를 부축하면서 5명이 다 함께 결승점에 들어왔어요. 이처럼 진정한 친구는 친구가 어려울 때 내 일처럼 생각하고 적극적으로 도움을 주는 친구예요.

예수님께서는 "네 이웃을 네 자신같이 사랑하라."라고 말씀하셨어요. 친구를 소중히 여긴다면, 어려움에 처한 친구를 가만히 보고만 있지 않을 거예요. 진정한 친구는 친구가 힘들고 어려워할 때 말로만 위로해 주는 것이 아니라, 나의 일과 같이 생각해서 실제적인 도움을 주려고 해요. 후새가 다윗에게 진정한 친구가 되었듯이 여러분도 친구가 어려움에 처하면 적극적으로 도와주길 바랍니다.

함께 기도해요

하나님, 혼자만 살아가는 것이 아니라 학교에서, 학원에서, 교회에서 함께 지내는 친구들을 만날 수 있게 해 주셔서 감사합니다. 친구들이 어려움에 처했을 때 예수님께서 말씀하셨듯이, 후새가 다윗에게 큰 힘이 되어 주었듯이 나의 일과 같이 생각해서 적극적으로 도와주는 친구가 되길 원합니다. 진정한 친구가 되어서 이 세상을 함께 살아갈 수 있도록 주님께서 함께해 주세요. 예수님의 이름으로 기도합니다. 아멘.

1단원

3 하나님의 **눈으로**

배울 말씀 사도행전 16장 1~5절

새길 말씀 바울이 그를 데리고 떠나고자 할새 그 지역에 있는 유대인으로 말미암아 그를 데려다가 할례를 행하니 이는 그 사람들이 그의 아버지는 헬라인인 줄 다 앎이러라 (행 16:3)

"너는 몸이 너무 커서 이상해.", "우리는 노란색인데, 너는 회색이네. 너는 돌연변이 같아.", "너는 너무 못생겼어." 미운 아기 오리는 같이 태어난 아기 오리들에게, 엄마 오리에게, 만나는 동물들에게 공격을 받았어요. 미운 아기 오리와 같이 주변 사람들에게 공격을 받는 사람이 있어요. 그 사람은 바로 사도 바울과 함께 전도 여행을 다니면서 예수님을 전했던 디모데예요. 오늘은 바울과 짝꿍을 이룬 디모데가 주인공이에요. 세

명의 사람들이 모여서 디모데는 바울과 함께 전도할 수 없는 부족한 사람이라고 말하고 있어요. 이들은 어떤 이유로 디모데를 공격할까요?

첫 번째 사람은 이렇게 말했어요. "디모데는 전도 여행을 다니기에 아주 부족한 사람이에요. 어머니가 유대인이지만, 아버지는 헬라인이죠. 게다가 그는 할례도 받지 않았다고 들었어요. 진정한 유대인이라면 태어난 지 8일 만에 할례를 해야 하는데, 어떻게 받지 않을 수 있죠? 정말로 그가 전도 여행을 하기에 알맞은 사람일까요?"

바울은 첫 번째 사람에게 이렇게 답했어요. "디모데가 다문화가정이기 때문에 오히려 좋을 수 있어요. 아버지 나라의 문화도 잘 알고, 어머니 나라의 문화도 잘 알 수 있지요. 그리고 아버지 나라의 언어도 잘 사용할 수 있고, 어머니 나라의 언어도 잘 사용할 수 있어요. 두 나라의 문화와 언어를 알기 때문에 전도할 때 더욱 좋습니다. 그리고 할례의 문제는 금방 해결할 수 있어요. 제가 디모데에게 할례를 행할게요. 그러면 유대인과 헬라인 모두에게 복음을 전할 때 문제가 되지 않을 거예요."

두 번째 사람은 이렇게 말했어요. "디모데는 나이가 너무 어려요. 복음을 전할 때 나이 많은 사람들이 그를 무시할 수 있어요. 만약 디모데 혼자 사역할 경우가 생기기라도 한다면, 그의 말을 전혀 듣지 않을 수 있지요. 그리고 디모데가 말씀을 잘 알기나 할까요? 말씀을 정확하게 잘 아는 나이 많은 사람이 가야 한다고 생각해요."

바울은 두 번째 사람에게 이렇게 답했어요. "디모데는 어렸을 때부터 외할머니와 어머니에게 성경을 배웠어요. 하나님의 말씀을 들으면서 자랐고, 그 말씀대로 살고자 했어요. 그래서 디모데는 자신이 살고 있는 동네 사람들에게 칭찬을 많이 받고 있어요. 그의 삶은 다른 사람들에게 본이 되는 삶이에요. 말씀대로 살아가는 사람을 감히 어리다고 무시하지 못할 겁니다."

세 번째 사람은 이렇게 말했어요. "디모데가 과연 끝까지 예수님을 믿고 전할 수 있을까요? 예수님을 믿은 지 얼마나 되었다고…. 그에게 어려움이 생긴다면 금방이라도 도망갈 수 있어요. 몸이라도 아프면 쉽게 전도를 포기할 거예요. 바울 당신은 정말 디모데를 믿나요?"

바울은 세 번째 사람에게 이렇게 답했어요. "디모데는 거짓이 없는 믿음이 있어요. 제가 1차 전도 여행을 갔을 때 디모데의 외할머니, 어머니, 디모데 모두 예수님의 복음을 듣고 믿었죠. 그리고 디모데에게 어려움이 생긴다면, 제가 옆에서 함께할 것입니다. 제가 먼저 두려워하지 않고 본을 보여 줄 것이고, 디모데에게 권면할 거예요. 만약 디모데가 저와 멀리 있다면, 편지를 써서라도 알려 줄 것입니다."

주변 사람들은 디모데의 단점만 보려고 했지만, 사도 바울은 디모데의 장점을 보고자 했어요. 그래서 바울은 디모데에게 2차 전도 여행에 함께하자고 했고, 디모데는 이를 받아들였어요. 2차뿐 아니라 3차 전도 여행에서도 디모데는 바울과 함께 예수님을 전했고, 데살로니가 교회와 에베소 교회에 머물면서 혼자 목회를 하기도 했어요. 바울이 디모데를 아들이라고 말할 정도로 중요한 짝꿍이 돼요. 바울이 죽기 전 감옥에 갇혀 있을 때 디모데에게 보고 싶다고 하면서 빨리 오라고 편지할 정도로 친했지요.

여러분은 새로운 친구를 사귈 때 단점을 먼저 보는 편인가요? 아니면 장점을 먼저 보려고 하는 편인가요? 어떤 사람의 단점만 바라본다면 그 사람이 한없이 부족하고 연약한 사람으로 보이기 때문에 사귀고 싶지 않을 거예요. 하지만 그 사람의 장점을 바라본다면 가능성을 보게 되면서 응원하고 함께하고 싶을 거예요.

이 세상에 완벽한 사람은 없어요. 그리고 100% 좋은 사람, 100% 나쁜 사람은 없어요. 하나님께서 우리의 모습 중에서 단점만 보신다면 우리는 한없이 부족한 사람일 거예요. 하지만 하나님께서는 우리의 장점을 바라봐주시고 응원해 주시기 때문에 우리가 다시 일어설 수 있고, 용기를 내서 살아갈 수 있어요. 하나님의 눈으로 나를 바라보고 상대방을 바라보면서 여러분도 좋은 짝꿍을 만들어 보길 응원합니다.

함께 기도해요

하나님, 사람에 따라서 누군가는 나쁘게 보기도 하고, 누군가는 좋게 보기도 합니다. 함부로 다른 사람을 판단하지 않길 원합니다. 하나님께서 우리를 좋게 바라보시듯이 우리 또한 다른 사람을 긍정적으로 바라보게 해 주세요. 그래서 새로운 친구들을 사귈 때 하나님의 눈으로 바라보는 사람이 되게 해 주세요. 예수님의 이름으로 기도합니다. 아멘.

1단원

4 ㅇㄹㅅㅂ & ㅁㄹㅇ

배울 말씀 누가복음 1장 39~45절, 56절

새길 말씀 주께서 하신 말씀이 반드시 이루어지리라고 믿은 그 여자에게 복이 있도다 (눅 1:45)

(이 설교는 연극으로 진행한다. 또는 미리 녹음해서 PPT를 활용한 오디오극으로 진행할 수도 있다.)

등장인물 : 설교자, 마리아, 천사, 사가랴, 엘리사벳

(설교자가 정중앙에서 말한다. 엘리사벳과 마리아는 양쪽에서 잠깐 등장하여 회중에게 인사한다.)

설교자 : 이제까지 남자와 남자의 짝꿍을 만났는데, 오늘은 여자와 여자의 짝꿍을 볼 수 있어요. 과연 누구일까요? (엘리사벳과 마리아가 등장해서 손 인사) 오늘의 짝꿍은 나이 차이가 많이 나는 것 같아요. 이들은 어떻게 짝꿍이 되었을까요? (엘리사벳 퇴장)

(암전 후 마리아의 집으로 장소가 전환된다. 설교자는 무대 끝에 위치하고, 마리아는 정중앙에 선다. 천사는 무대를 한 바퀴 돌면서 마리아 옆에 다가간다.)

[#1. 마리아와 가브리엘]

설교자 : 어느 날 가브리엘 천사가 마리아에게 나타났어요. (천사 등장과 함께 불이 들어온다.)

천사 : 은혜를 입은 자야, 기뻐해라. 주님께서 너와 함께하신다.

마리아 : (깜짝 놀라며) 이게 무슨 소리이지?

천사 : 마리아야, 두려워하지 말라. 하나님께서 네게 은혜를 베푸신다. 너는 임신을 해서 아이를 낳을 건데, 그 이름을 예수라 하라. 그는 높으신 분의 아들이라고 불릴 것이다. 하나님께서 그에게 다윗 왕의 자리를 주실 것이다. 그는 영원히 야곱의 집을 다스리고, 그의 나라는 끝이 없을 것이다.

마리아 : 저는 결혼을 하지 않은 처녀인데, 어떻게 그런 일이 일어날 수 있죠?

천사 : 성령이 네게 내려오시고, 가장 높으신 분의 능력이 너를 감쌀 것이다. 태어날 아기는 하나님의 아들이라고 불릴 것이다. 네 친척 엘리사벳도 임신했단다. 하나님께서 하지 못하시는 것은 없단다.

마리아 : 보소서. 저는 주님의 종입니다. 당신의 말씀대로 이뤄지길 바랍니다.

설교자 : 천사는 마리아를 떠났어요. 마리아는 곧바로 엘리사벳의 집으로 갔어요.

(마리아가 무대 뒤로 이동한다.)

설교자 : 마리아는 왜 엘리사벳의 집으로 갔을까요? 마리아는 천사에게 긍정의 대답을 했지만, 혼란스럽기도 하고 불안하고 두려운 마음이 들었어요. 그런데 마리아만 천사를 만난 게 아니라, 엘리사벳의 남편 사가랴도 가브리엘 천사를 만났대요. 천사는 사가랴에게 어떤 말을 했을까요?

(암전 후 성전으로 장면이 바뀐다. 불이 켜지고, 사가랴는 향을 가지고 지성소로 들어간다.)

설교자 : 사가랴는 제사장이었는데, 향을 피우러 성전 안에 들어갔어요.

[#2. 사가랴와 가브리엘]

사가랴 : (향을 피우다가 천사를 발견하고 놀라는 표정을 짓는다.)

천사 : 사가랴야, 두려워하지 말라. 네 기도를 하나님께서 들으셨다. 너의 아내 엘리사벳이 아들을 낳을 것이다. 그의 이름을 요한이라고 해라. 그는 네게 즐거움이 될 뿐 아니라, 많은 사람에게도 즐거움이 될 것이다. 이스라엘 많은 사람이 하나님께로 돌아올 것이다.

설교자 : 사가랴와 엘리사벳은 아이를 낳지 못하고 있었어요. 나이가 많아서 이제는 아이를 영영 가질 수 없는 건가 생각했지요. 하지만 천사가 나타난 이후에 정말로 엘리사벳은 아이를 갖게 되었어요.

(암전 후 엘리사벳 집으로 장면이 바뀐다.)

설교자 : 엘리사벳이 임신한 후 어느 날 마리아가 엘리사벳의 집에 찾아왔어요. 과연 어떤 일이 있었을까요?

(불이 켜진다. 엘리사벳이 마리아를 문 곁에서 반가워하며 맞이한다. 마리아는 작은 선물을 가지고, 설레는 맘으로 엘리사벳에게 다가간다.)

[#3. 엘리사벳과 마리아]

마리아 : 안녕하세요. 엘리사벳 숙모님, 저 마리아예요. 잘 지내셨죠?

엘리사벳 : 마리아, 어서 오렴. (밝게 웃으면서 집안으로 맞이한다.) 너는 여자들 중에 가장 큰 복을 받은 자란다. 너의 배 속의 아이도 복을 받았구나. (자기 배에 손을 얹고) 네가 인사했을 때 내 아이가 기뻐하며 발을 쿵쿵하면서 뛰놀았단다.

마리아 : 아멘, 주님을 찬양합니다. 주님께서 비천한 종을 돌봐주셨어요. 모든 사람이 저를 복되다고 말할 거예요. 하나님은 교만한 자를 끌어내리시고, 낮은 자를 높여주

셨어요. 주님은 자비를 내려주셔서 우리를 도우셨어요. 아브라함을 도와주신 것처럼 우리를 영원히 도우실 거예요.

(마리아와 엘리사벳은 퇴장한다. 암전 후 설교자가 가운데에 선다.)

설교자 : (불이 들어오고) 마리아는 엘리사벳의 집에 있는 동안 엘리사벳과 함께 이야기를 나누면서 마음이 편안해졌어요. 그리고 엘리사벳을 통해 놀라운 일을 행하시는 하나님을 바라보며 확신에 차게 되었어요.

여러분은 짝꿍과 함께 있는 것만으로도 위로가 될 때가 있나요? 쉬는 시간에 친구랑 같이 매점에 가는 것, 급식실에서 친구랑 같이 밥 먹는 것, 하교할 때 친구랑 같이 가는 것, 시험 기간에 친구랑 같이 공부하는 것, 주일에 친구랑 같이 예배드리는 것 등등 여러 가지 상황이 있을 거예요. 이렇게 짝꿍과 함께하듯이 예수님도 우리와 늘 함께하고 계세요. 예수님의 또 다른 이름은 임마누엘이라고 하는데, '하나님께서 우리와 함께하신다'라는 뜻이에요. 그리고 예수님이 하늘에 올라가시기 전에 세상 끝날까지 우리와 함께하신다고 말씀하셨어요. 우리와 함께하시는 예수님께 감사하면서 짝꿍과 함께하며 도움이 되는 친구가 되길 바랍니다.

함께 기도해요

하나님, 우리가 기쁠 때뿐 아니라 두렵거나 걱정이 많을 때도 우리와 함께해 주셔서 감사합니다. 세상 끝날까지 우리와 함께해 주겠다고 약속해 주셔서 감사합니다. 예수님과 늘 함께 살아가고 있다는 사실을 기억하면서 친구들과 함께하길 원합니다. 하나님의 사랑과 위로와 격려를 친구들과 나누며 살겠습니다. 예수님의 이름으로 기도합니다. 아멘.

2 단원

예수님의 기적

주제 **예수님은 지금도 여전히 놀라운 기적을 펼치신다.**

성경에는 예수님이 일으키신 놀라운 기적 이야기들이 많습니다. 2단원에서는 그중 동물이나 상징과 함께 기억되는 네 가지 이야기를 배웁니다. 특히 1~3과의 기적 이야기는 공관복음서에 모두 등장하는데, 이는 기적이 예수님의 사역에서 중요한 한 축이었음을 말해 줍니다.

1과는 가다라 지방에서 있었던 일로, 이곳에서 예수님은 해안 절벽 무덤가에 살던 귀신 들린 두 사람을 고쳐 주셨습니다. 가다라는 헬라파 사람들이 주로 살던 지역이었기에 유대인들은 이곳 주민을 배척했습니다. 그러나 예수님은 그들에게도 천국 복음을 전해 주셨습니다(마 4:25; 막 5:20; 7:31).

2과는 예수님이 회당장 야이로의 딸을 고쳐 주신 이야기입니다. 그의 집에 도착했을 때 열두 살 된 딸은 이미 죽어 있었습니다. 그러나 예수님은 소녀가 죽은 것이 아니라 잔다고 하시면서 "달리다굼!"이라고 하셨고, 그 말씀에 소녀는 살아났습니다. 달리다굼은 '소녀야, 일어나라'라는 뜻의 아람어인데, 마가복음에 이 말이 그대로 기록되었습니다.

3과는 예수님의 가르침을 듣고 병 고치는 은사를 보려고 많은 사람이 모였을 때 일어난 일입니다. 뇌졸중(중풍)에 걸린 병자를 데려온 사람들은 인파를 뚫고 집 안으로 들어갈 수 없자 지붕으로 올라가 기와를 벗겨내고 들것째 병자를 내렸습니다. 친구를 살리고자 최선을 다한 그들의 믿음을 보신 예수님은 병을 고쳐 주실 뿐 아니라 그의 죄까지 용서해 주셨습니다. "일어나 네 침상을 가지고 집으로 가라." 예수님의 말씀에 전신이 마비되어 꼼짝도 못하던 병자가 일어나 자기가 누웠던 들것까지 들고 하나님께 영광을 돌리며 돌아갔습니다.

4과는 요한복음에만 등장하는 이야기입니다. 시몬 베드로를 비롯한 여러 제자들이 부활하신 예수님을 만난 후 고향으로 돌아가 디베랴 호수에서 고기잡이를 하고 있었습니다. 밤새도록 그물을 내렸지만 한 마리도 잡지 못한 제자들에게 어떤 이가 다가오더니 그물을 배 오른편에 던지면 잡을 것이라고 했습니다. 제자들은 그가 누구인지 몰랐지만, 그대로 했더니 정말 많은 물고기를 잡게 됐습니다. 이후 그가 바로 예수님이라는 사실을 알게 된 제자들은 예수님과 함께 생선과 떡을 나누어 먹었습니다. 그때 잡은 물고기를 세어 보니 153마리였습니다.

마가복음 5장 36절

♩=110

작곡:이화익
편곡:이화익

2단원

1 네가 무슨 **상관이야?**

배울 말씀 마가복음 5장 1~20절

새길 말씀 이는 예수께서 이미 그에게 이르시기를 더러운 귀신아 그 사람에게서 나오라 하셨음이라 (막 5:8)

새 학기가 시작되고 한 달이 지났을 무렵 지방에 살던 현준이가 서울로 전학을 왔어요. 짧은 머리에 까무잡잡한 얼굴이 금세 친구들 눈에 띄었어요. 지방 사투리가 섞인 독특한 억양도 친구들의 놀림감이 되기 일쑤였죠. 어느 날 현준이는 점심시간 이후 자기 물통이 사라진 것을 알게 되었어요. 장난이 심한 친구들이 현준이의 물통을 숨긴 거였어요. 현준이는 아무 말도 하지 못하고 속상해하기만 했죠. 이를 지켜보던 민서가 도저히

참을 수 없어 장난을 친 친구들에게 큰 소리로 말했어요. "이제 현준이 그만 괴롭히고, 물통 가지고 와!" 친구들은 깜짝 놀라면서도 도리어 이렇게 말하는 거예요. "우리가 장난치든 말든 네가 무슨 상관이야?" 민서는 현준이 옆으로 가더니 이렇게 말했어요. "현준이는 내 친구거든. 한 번만 더 장난치면 가만두지 않을 거야." 친구들은 지난번에도 민서한테 혼쭐이 난 경험이 있었어요. 그래서 조용히 현준이에게 물통을 가져다줬어요. 현준이는 민서가 자기편이 되어 주어서 정말 고마웠답니다.

오늘 성경에서 예수님과 제자들은 바다 건너편 거라사인의 지역으로 가셔서 귀신 들린 한 사람을 만나셨어요. 그런데 이 사람도 예수님을 만나자, 이렇게 말하는 거예요. "더없이 높으신 하나님의 아들 예수님, 나와 무슨 상관이 있습니까?"라고요. 예수님은 다른 사람들처럼 귀신 들린 사람을 피하거나, 상관하지 않을 수도 있었어요. 하지만 예수님은 그렇게 하지 않으시고, 귀신 들린 사람을 만나셨어요. 귀신 들려 괴로워하는 것을 그냥 보고 지나치실 수 없으셨던 거죠. 한 사람의 친구가 되고, 편이 되길 원하셨어요.

이 사람은 더러운 귀신이 들려서 편안한 집에서 살지 못하고, 죽은 사람들이 묻혀 있는 무덤에서 살았답니다. 마을 사람들이 이 사람을 붙잡아 두려고 쇠사슬로도 묶고 쇠고랑도 채워 봤지만, 소용이 없었어요. 밤이나 낮이나 무덤 사이에서 살면서 소리를 지르고, 자기 몸에 상처를 내곤 했어요. 예수님은 이 귀신 들린 사람을 만나자마자 "더러운 귀신아, 그 사람에게서 나가라!"라고 명령하셨어요. 그러자 귀신들은 벌벌 떨면서 땅바닥에 납작 엎드렸죠. 예수님이 귀신에게 이름이 무엇이냐고 묻자, '군대'라고 했어요. 그만큼 수가 많아서 그런 거랍니다. 귀신들은 예수님의 명령에 이 지역에서 내쫓지 말고 근처 산에서 기르는 돼지 떼에 들어가게 해 달라고 간청했어요. 예수님께서 그렇게 하라고 허락하시자 귀신들은 돼지 떼에게로 들어갔어

요. 귀신이 들어간 돼지 떼의 수가 이천 마리나 되었다고 해요. 이천 마리의 돼지 떼에 들어갈 정도의 귀신이 한 사람에게 들어갔으니 얼마나 괴로웠을까요.

이제 고침을 받은 이 사람의 정신이 온전해졌어요. 그런데 귀신들이 들어간 돼지 떼는 미친 듯이 날뛰며, 비탈길을 달려가 바닷속으로 풍덩! 하고 빠져 죽었답니다. 산에서 돼지를 키우던 사람들이 이 광경을 보고 깜짝 놀라 마을로 내려가 이 사실을 알렸어요. 사람들이 와서 보니까, 귀신 들렸던 사람이 제정신으로 돌아와 옷을 단정히 입고 예수님 옆에 있는 거예요. 예수님과 함께 있는 모습이 놀랍기도 하고, 두렵기도 했답니다. 그래서 마을 사람들은 예수님께 마을을 떠나 달라고 간청했어요.

예수님은 거라사인의 지역에서 귀신 들린 한 사람을 고치신 것 말고는 다른 일을 하지 않으시고, 다시 배를 타고 건너가시려고 했어요. 그때 고침받은 사람이 예수님께 함께 있게 해 달라고 애원했어요. 하지만 예수님은 그동안 마음고생을 많이 했을 가족에게로 가서 큰 은혜를 입게 된 놀라운 일을 전하라고 하셨어요. 고침받은 사람은 예수님의 말씀대로 가족들에게로 가서 예수님을 전하고, 마을 곳곳을 다니며 예수님께서 자기에게 행하신 일들을 전하는 삶을 살게 되었어요.

예수님이 폭풍이 몰아치는 바다를 건너 거라사인의 지역에 와서 만난 사람은 오직 한 사람이었어요. 마을 사람들은 모두 귀신 들린 사람을 피했지만, 예수님은 아무 거리낌 없이 찾아가 친구가 되어 주신 거예요. 험난한 바닷길을 건너와 한 사람밖에 만나지 못하셨지만, 괜찮았어요. 왜냐하면 한 사람이 새로운 삶을 살게 되었으니까요. 그리고 한 사람을 통해 여러 마을에 예수님을 전할 수 있게 되었기 때문이죠.

오늘 민서가 현준이는 내 친구라고 말하면서 현준이의 편이 되었어요. 예수님은 언제나 우리의 편이 되어 주세요. 우리의 모습이 어떠하든지 상관하지 않고, 우리와 친구가 되기를 원하세요. 예수님은 우리를 만나기 위해 험난한 바다도 기꺼이 건너오신답니다. 우리를 만나셔서 예수님 안에서 새로운 삶을 살 수 있게 인도해 주세요. 우리를 만나 주시고, 우리 편이 되어 주시는 예수님께 감사하며, 예수님을 전하는 어린이가 되길 축복해요.

함께 기도해요

예수님, 오늘도 우리를 만나기 위해 찾아오시고, 나의 편이 되어 주셔서 감사합니다. 예수님은 우리에게 새로운 삶을 주시고, 우리의 친구가 되기를 원하신다는 것을 깨달았습니다. 이 사실을 잊지 않고 언제나 예수님의 친구로서 예수님을 전하는 어린이로 살아가게 해 주세요. 예수님의 이름으로 기도합니다. 아멘.

2단원

2 끝까지 간다!

배울 말씀 마가복음 5장 21~23절, 35~43절

새길 말씀 예수께서 그 하는 말을 곁에서 들으시고 회당장에게 이르시되 두려워 하지 말고 믿기만 하라 하시고 (막 5:36)

어린이 여러분, 행복한 주일 아침이 밝았어요. 혹시 오늘 아침에 일어날 때, 스스로 일어난 친구 있나요? 아니면 부모님이 깨워서 일어났나요? 주일에는 학교에 가지 않으니까 늦잠을 자고 싶은데, 부모님이 깨워서 일어난 친구도 있을 거예요. 오늘 성경에도 곤히 잠자고 있는 한 소녀를 예수님께서 깨우시는 이야기가 있네요. 진짜 잠자는 소녀를 깨운 건지 아닌지, 말씀 큐브 속으로 들어가 볼까요?

회당장 야이로라는 사람이 있었어요. 당시 회당은 사람들이 모여서 하나님께 예배를 드리고, 또 하나님의 말씀을 가르치고 배우는 곳이었어요. 회당은 종교적인 것만

아니라 정치, 경제, 사회, 교육적으로도 매우 중요했어요. 회당은 유대인들에게 매우 중요한 역할을 해서, 유대인들이 가는 곳마다 회당이 세워졌답니다. 야이로는 그런 회당의 책임자였으니 주위 사람들에게 존중받고, 사회적 지위가 높은 사람이었던 거죠. 그런 회당장 야이로가 지금 예수님 앞에 엎드려 간곡하게 청하는 거예요. "예수님, 지금 제 딸이 죽게 되었으니 오셔서 고쳐 주십시오. 제발 살려 주십시오."라고 말이에요. 예수님은 알겠다고 하시며 야이로의 집으로 향했어요. 야이로는 이제 자기 딸이 살아날 것이라는 희망이 생겼어요.

그런데 집으로 가는 길에 12년 동안 혈루증(만성 자궁 출혈)을 앓고 있는 여자 때문에 시간이 지체되었어요. 여자는 예수님의 옷자락만 만지고도 몸이 깨끗이 나았어요. 예수님의 능력을 눈으로 목격한 야이로는 예수님이라면 자기 딸을 고치실 수 있다는 믿음이 생겼어요. 조금 지체되기는 했지만, 서둘러 가면 괜찮으리라 생각했어요.

그때였어요. 야이로의 집에서 사람들이 와서 슬픈 소식을 전하는 거예요. 야이로의 딸이 죽었다는 소식이었어요. 야이로는 큰 충격을 받았어요. 혈루증을 앓고 있던 여인이 원망스럽기도 했어요. 사람들의 말처럼 더 이상 예수님을 귀찮게 하지 않고 돌아가야 할지, 아니면 그래도 끝까지 예수님을 붙잡아야 할지 혼란스러웠어요. 야이로는 두렵고, 불안했어요. 자책하는 마음도 들었죠. 한편으로는 예수님을 향해 더 간절한 마음이 들었어요. 예수님이라면 죽은 딸도 살리실 수 있지 않을까 하는 믿음이었어요. 예수님은 그런 야이로의 마음을 잘 알고 계셨어요. 그래서 "두려워하지 말고, 믿기만 해라."라고 말씀하셨어요. 야이로는 다른 사람들이 뭐라고 하든 상관하지 않고, 예수님을 끝까지 믿기로 했어요.

야이로의 집에 도착했을 때, 사람들은 슬픔에 잠겨서 통곡하며 울고 있었어요. 예수님은 사람들에게 "어찌하여 이렇게 떠들고 울고 있느냐? 이 아이는 죽은 것이 아니라, 자고 있다."라고 말씀하셨어요. 사람들은 비웃었죠. 예수님을 믿지 못했거든요. 사람들의 비웃음은 예수님만을 향한 것이 아니었어요. 그것은 또한 회당의 책임자라고 할 수 있는 야이로가 왜 저렇게 이상한 말을 하는 사람을 데리고 왔는지 비웃는 것이기도 했어요.

야이로는 사람들의 비웃음에도 아랑곳하지 않고, 예수님을 딸의 방으로 모시고 들어갔어요. 왜냐하면 두려워하지 않고 믿기로 했으니까요. 야이로는 정말 잠자는 것처럼 누워 있는 딸을 보았어요. 금방이라도 깨우면 일어날 것 같은 모습이었어요. 예수님은 소녀의 손을 잡고는 말씀하셨어요. "달리다굼!" 마치 야이로가 늦잠을 자는 딸을 깨우듯이 부드럽고 다정한 목소리였어요. 달리다굼은 아람어로 '소녀야, 일어나라'라는 말이에요. 이 말은 평소에 야이로가 딸에게 했던 말이기도 했죠. 그런데 예수님의 말씀에 야이로의 딸이 곧 깨어나더니 아무 일도 없었던 듯 걸어 다니는 거예요. 정말 잠자고 있던 딸이 일어난 것 같았어요.

야이로는 다시 살아난 자기 딸을 보며 놀라움을 금치 못했고, 예수님께 감사했어요. 그리고 두려워하지 않고 끝까지 예수님을 믿은 것을 잘했다고 생각했죠. 야이로는 두려워하지 않고 끝까지 예수님을 믿으며 예수님과 함께한 사람이었어요.

자신의 사회적 지위와 상관없이 예수님 앞에 엎드리고, 사람들의 비웃음에도 불구하고 예수님과 짝이 되겠다고 결정한 사람이었어요.

때로는 우리도 예수님의 말씀이 잘 이해가 되지 않고, 이상하게 들릴 수도 있을 거예요. 우리가 생각하는 상식과 다를 수도 있으니까요. 예수님의 옷자락을 만진다고 병이 낫는다거나, 죽은 사람을 자고 있다고 말하는 것이나, 죽은 사람을 살리는 이 모든 것이 정말 믿기 어려울지 몰라요. 하지만 하나님의 아들이신 예수님이라면 충분히 하실 수 있음을 흔들리지 않고 끝까지 믿는다면, 예수님의 놀라운 일들을 경험하게 될 거예요. 여러분이 성경의 말씀을 다 이해하지 못해도 끝까지 예수님을 믿고, 예수님과 짝이 되겠다고 결정하길 진심으로 축복해요.

함께 기도해요

주님, 오늘도 우리에게 친절하고 자상하게 말씀하시는 주님의 음성을 들려주시니 감사합니다. 예수님의 음성을 듣고 우리도 깨어 일어나게 해 주세요. 그리고 흔들리지 않고 예수님을 끝까지 믿는 어린이가 되게 해 주세요. 예수님의 이름으로 기도합니다. 아멘.

2단원

3 지붕 뚫고 **스마일**

배울 말씀 누가복음 5장 17~20절, 25~26절

새길 말씀 예수께서 그들의 믿음을 보시고 이르시되 이 사람아 네 죄 사함을 받았느니라 하시니 (눅 5:20)

수행평가를 앞두고 있던 은율이가 갑자기 배가 아파 보건실을 찾아갔어요. 보건 선생님은 은율이가 어디가 아픈지 살펴보셨어요. 그런데 배 아플 때 먹는 약을 주시기보다 따사로운 햇볕이 비치는 창가에 앉아서 조용한 음악을 들으면서 잠시 쉬라고 하셨어요. 햇살이 들어와 은율이의 양 볼에 닿았어요. 어디선가 상큼한 레몬 향도 났어요. 조용한 음악은 은율이의 마음을 사르르 녹게 만들기도 했어요. 긴장되어 한껏 올라가 있던 어깨도 편안하게 내려왔지요. 그러자 마음이 편안해지고, 아팠던 배도 조금 나아진 것 같았어요. 보건실 선생님이 초콜릿 한 조각을 주면서 말씀하셨어요. "이제 마음이 조금 편안해진 것 같니?" 은율이는 살짝 미소를

지어 보였어요. 배가 아프다고 찾아간 보건실이었지만, 보건 선생님은 은율이의 아픈 배를 치료해 주시기보다 먼저 은율이의 마음을 치료해 주신 거였어요. 오늘 예수님도 한 사람을 치료해 주시는데 어떻게 치료해 주시는지 한번 볼까요?

조금 특별한 방법으로 예수님을 찾아온 사람이 있었어요. 바로 중풍(뇌졸중) 환자예요. 몸을 움직일 수 없는 그는 혼자서는 예수님께 올 수가 없었어요. 그래서 도와주는 사람들이 환자를 침상에 눕혀 데리고 왔어요. 하지만 예수님이 계신 집에는 수많은 사람이 몰려와 있었어요. 그래서 환자를 침상에 눕힌 채로는 예수님 앞까지 갈 수가 없었죠.

어떻게 하면 좋을까 고민하다가 예수님이 계신 집의 지붕을 뚫고 들어가기로 했어요. 중풍 환자와 함께 온 사람들은 예수님이 말씀하고 계신 곳의 기와를 벗긴 다음 침상째 예수님 앞으로 달아 내렸어요. 예수님은 깜짝 놀라셨어요. 갑자기 지붕이 뻥 뚫렸으니까요. 게다가 하늘이 훤히 보이는 지붕에서 중풍 환자가 누운 침상이 내려오는 게 아니겠어요?

예수님은 이 놀라운 일을 행한 그들의 믿음을 보셨어요. 중풍 환자의 마음도 보셨죠. 몸이 불편한 만큼 마음도 많이 아팠거든요. 당시 사람들은 죄를 지어서 병에 걸린다고 생각했어요. 스스로도 하나님께 죄를 지어서 병에 걸렸다고 여기게 되었죠. 그때 예수님이 말씀하신 거예요. "괜찮아. 네 죄를 용서받았단다." 예수님의 말씀은 따사로운 햇살 같았어요. 레몬 향 같기도 하고, 달콤한 초콜릿 같기도 했죠. 예수님은 중풍 환자의 몸을 건강하게 고쳐 주시기 전에 먼저 마음을 치료해 주신 거였어요. 죄로부터 자유롭게 해 주신 거죠.

하지만 이 모든 일들이 못마땅한 사람들이 있었어요. 바로 서기관과 바리새인들이었어요. 왜냐하면 죄를 용서하실 수 있는 분은 하나님 한 분밖에는 없는데, 예수님이 죄를 용서하신다고 했기 때문이에요. 이는 하나님을 모독하는 것이라고 생각했어요. 예수님은 그 마음을 아시고 물으셨어요. "죄를 용서받았다고 말하는 것이 쉽겠느냐, 아니면 일어나 걸어가라고 말하는 것이 쉽겠느냐?" 사실 둘 다 어려운 말이에요. 죄를 용서받았다고 말하는 것은 오직 하나님만이 하실 수 있는 일이거든요. 일어나 걸어가라는 말은 실제로 중풍 환자가 병이 나아서 일어나 걸어가야 하니 그 역시 어려운 것이었어요. 그렇지만 예수님이 죄를 용서받았다고 말씀하신 것은 예수님이 곧 하나님이셔서 죄를 용서하실 수 있는 분임을 알게 하시기 위함이에요.

예수님은 이제 중풍 환자에게 "일어나 네 침상을 가지고 집으로 가라."고 명령하세요. 그러자 곧바로 일어나서 누웠던 침상을 가지고 집으로 가면서 하나님을 찬양하며 영광을 돌렸죠. 사람들은 모두 "오늘 우리가 정말 놀라운 일을 보았어."라며 하나님을 찬양했어요. 이제 모든 사람이 예수님이 죄를 용서하는 권세가 있는 분이라는 것을 두 눈으로 똑똑히 보게 된 거예요. 그 누구도 예수님을 향해서 손가락질하거나 업신여기지 않았어요. 그 누구도 지붕을 뜯어낸 사람들을 향해서 예의가 없다고 하거나 잘못했다고 말하지 않았어요. 모든 사람이 예수님 말씀의 권위를 느낄 수 있었답니다.

어린이 여러분, 수행평가를 앞두고 배가 아파서 보건실을 찾아간 은율이를 보고,

마음을 먼저 보듬어 주신 보건 선생님이 있었어요. 오늘 예수님은 중풍 환자의 마음을 먼저 고쳐 주셨어요. 물론 거기에 그치지 않으시고 몸도 낫게 해 주셨죠.

우리의 짝이 되시는 예수님은 우리의 마음이 어떤지 잘 알고 계세요. 하나님과 멀어졌던 마음, 미워하고 속상했던 마음, 불안하고 억울했던 마음 등등 다 알고 계신답니다. 예수님은 몸의 병을 낫게 하시는 분이지만, 우리 마음 깊은 곳에 있는 문제도 해결해 주시는 분이에요. 우리에게 참 자유를 주시는 예수님께 가기 위해 지붕을 뚫고서라도 용기 있게 나아갈 수 있기를 소망해요. 예수님은 그 누구든 두 팔을 벌리고 환영해 주신답니다. 우리의 몸과 마음을 깨끗하게 하실 예수님 앞으로 나아가는 한 주가 되길 축복해요.

함께 기도해요

나보다 나를 더 잘 아셔서 나의 마음을 치료하고 고쳐 주시는 예수님, 감사합니다. 지붕을 뚫고서라도 예수님께 가까이 나아가게 해 주세요. 우리 죄를 용서하시고, 몸의 질병도 회복시키시는 주님을 찬양하게 해 주세요. 예수님의 이름으로 기도합니다. 아멘.

2단원

4 예!수! **크로스!**

배울 말씀 요한복음 21장 5~14절

새길 말씀 시몬 베드로가 올라가서 그물을 육지에 끌어 올리니 가득히 찬 큰 물고기가 백쉰세 마리라 이같이 많으나 그물이 찢어지지 아니하였더라 (요 21:11)

4학년 1반 친구들은 1년 동안 담임 선생님과 즐겁고 재미있는 시간을 보냈어요. 체험학습도 다니고, 한 달 동안 준비한 학예회 발표도 하고, 공기 올림픽, 팽이 올림픽 등 다양한 활동도 했죠. 물론 장난꾸러기 친구들도 있었고, 속상했던 일도 있었지만, 담임 선생님과 4학년 1반 친구들은 참 행복한 시간을 보냈답니다. 하지만 아쉽게도 새로운 학년으로 올라가면서 헤어져야 할 시간이 되었어요. 학급 친구들도, 선생님도 모두 서운한 마음으로 가득했어요. 그래서 선생님은 마지막으로 학급 친구들에게 선물을 해 주셨어요. 바로 아침을 준비해 주는 것이었죠. 선생님은 샌드위치를 만들며 친구들의 얼굴을 하나하나 떠올렸어요. 말썽꾸러기 명수,

먹보대장 준하, 똑순이 은율, 미소천사 서은, 역사천재 준수 등 한 명 한 명 생각하며 샌드위치를 만들었어요. 선생님은 설레는 마음으로 두 손 가득 샌드위치를 가지고 교실로 들어가셨어요.

그런데 그때 학급 회장이 학급 친구들과 함께 준비한 케이크와 선생님께 쓴 롤링 페이퍼를 가지고 오는 것이 아니겠어요? 선생님은 깜짝 놀라셨고, 감동의 눈물을 보이셨어요. 학급 친구들도 선생님이 준비한 깜짝 샌드위치를 먹으면서 영원히 잊을 수 없는 아침 식사를 하게 되었답니다. 4학년 1반 학생들은 담임 선생님과 함께한 1년이라는 시간 동안 서로에게 의미 있는 시간을 보낸 거죠.

오늘 예수님도 예수님의 제자들과 함께 먹고 마시고, 하나님 나라의 복음을 전하며 그 누구보다도 친한 짝이 되셨어요. 그런데 예수님께서 십자가에 달려 돌아가시고 난 후, 제자들은 혼란에 빠졌어요. 물론 예수님은 말씀대로 삼 일 만에 부활하셨어요. 제자들은 부활하신 예수님을 다시 만나 놀랍고 기뻤어요.

하지만 부활하신 예수님은 예전처럼 제자들과 항상 함께하지는 않으셨어요. 제자들은 짝을 잃어버린 것 같았어요. 예수님이 함께하시지 않자, 제자들은 이제 어떻게 해야 할지, 무엇을 해야 할지 알지 못했어요. 결국 베드로는 "나는 고기를 잡으러 갈 거야."라며 길을 떠났어요. 그러자 다른 제자들도 "나도 같이 가자."라며 따라나섰어요. 예수님을 만나기 전, 고기잡이 어부의 모습으로 돌아간 거였죠.

베드로와 제자들은 밤새 고기를 잡으려고 그물을 내렸다 올렸다를 반복했어요. 제자들은 여러 가지 생각이 들었어요. 처음 바닷가에서 물고기를 잡다가 예수님을 만

났을 때도 생각났고, 예수님과 함께 천국 복음을 전하러 이곳저곳 돌아다녔던 것도 기억났죠. 예수님을 통해 일어난 수많은 이적들을 보면서 하나님께 찬양하며 영광 돌리던 것도 떠올랐어요. 그때는 정말 무엇이든지 다 할 수 있을 거라고 생각했거든요. 하지만 예수님께서 병사들의 손에 힘없이 붙잡히시는 것을 보자 두려움에 사로잡힌 제자들이 도망가 버린 거죠. 그렇게 큰소리치던 베드로도 아무 소리도 하지 못했어요. 오히려 예수님이 붙잡히시고 이리저리 끌려다니실 때 베드로는 멀찍이 서서 예수님을 바라보다가 세 번이나 예수님을 모른다고 부인했어요. 베드로는 예수님을 부인한 것이 계속해서 마음에 걸렸어요. 예수님께 너무 죄송했지만, 그럼에도 어려움과 즐거움을 함께 나눴던 예수님이 너무 보고 싶었어요. 텅 빈 마음으로 밤새 그물을 던지고는 있지만, 물고기는 한 마리도 잡지 못하고 있었죠.

그때 해변에 서 있던 한 사람이 "배 오른편에 그물을 던져라. 그러면 잡을 것이다."라고 말했어요. 제자들은 밤새 물고기를 한 마리도 잡지 못했지만, 그 사람의 말을 듣기로 했어요. 제자들이 배 오른편에 그물을 던지자, 물고기가 정말 많이 잡힌 거예요. 제자들은 예수님을 처음 만났을 때, "깊은 곳에 그물을 던져라."라고 말씀하신 것이 생각났어요. 그때도 제자들은 예수님의 말씀대로 깊은 곳에 그물을 던졌더니 많은 물고기를 잡았거든요. 그 순간 해변에 있던 한 제자가 예수님이신 것을 깨닫고 "예수님이시다."라고 말했어요. 베드로는 바다로 뛰어내려 예수님께로 달려갔죠. 예수님은 해변에서 제자들을 위해 빵과 물고기로 아침을 준비하고 있었어요.

예전 어부의 모습으로 돌아가 버린 제자들을 예수님이 다시 찾아오신 거였어요. 그러면서 처음 예수님을 만났을 때처럼 그물을 던져 많은 물고기를 잡게 하신 거였죠. 예수님은 제자들에게 물고기를 낚는 어부가 아니라, 사람을 낚는 어부가 되어야 할 것을 다시 말씀하시는 거였어요. 제자들은 예수님을 다시 만나면서 잃어버린 짝을 다시 찾게 되었고, 잃어버린 소명도 다시 찾게 되었어요. 이제 예수님이 눈에 보이지 않더라도 언제든 찾아와 주시는 영원한 짝이 되심을 깨달은 것이죠.

어린이 여러분, 예수님은 우리를 언제든 다시 찾아와 주셔서 영원한 짝이 되어 주신답니다. 우리가 예수님과 조금 멀어질 수는 있어도 예수님은 항상 우리 곁에 계심을 잊지 않기를 바라요. 예수님은 우리가 예수님을 잊고 어느 길로 가야 할지 모를 때, 방향을 알려 주시고 그 길을 갈 수 있도록 힘을 주세요. 저와 여러분이 언제나 우리의 짝이 되어 주시는 예수님과 함께 기쁨의 한 주가 되길 진심으로 축복해요.

함께 기도해요

주님, 지난 한 주간 주님과 멀어졌던 우리를 다시 찾아와 주시고 만나 주심을 감사합니다. 예수님과 영원한 짝이 되어서 예수님께서 기뻐하시고 뜻하시는 삶을 살아가게 도와주세요. 예수님과 함께 손잡고 길을 가는 한 주가 되게 해 주세요. 예수님의 이름으로 기도합니다. 아멘.

3 단원

예루살렘의 사람들

주제 예수님의 예루살렘 입성 후 일주일간 있었던 이야기

3단원에서는 사순절과 관련된 상징들을 통해 예수 그리스도의 수난 이야기를 배우고, 그 의미를 생각해 봅니다. 시간 순서를 따르면, 4과에서 다루는 예수님이 어린 나귀를 타고 예루살렘에 입성하시는 이야기가 가장 먼저이고, 2~3과는 그 후 예루살렘에서 일어난 일입니다. 그러나 교회력의 종려주일에 맞추어 예루살렘 입성 이야기를 가장 마지막으로 배치했습니다.

1과는 예수님이 베다니 시몬의 집에서 식사하실 때의 이야기입니다. 한 여인이 나드 향유 한 옥합을 가지고 찾아오더니 예수님의 머리에 모두 부었습니다. 당시 나드 향유는 아주 값비싼 물건이었습니다. 제자들은 비싼 향유를 왜 낭비하느냐 발끈하며 분통을 터뜨렸습니다. 그러나 예수님은 그의 행동이 당신의 장례를 위한 일이라고 하시면서, 복음이 전파되는 곳마다 그가 한 일도 기억하게 될 것이라고 하셨습니다.

2과는 가룟 유다 이야기입니다. 예수님을 팔아넘길 생각을 하던 그는 결국 그 일을 실행에 옮겼습니다. 예수님을 팔고서 은돈 30냥을 받았습니다. 그러나 예수님이 돌아가신 후 양심의 가책을 느끼며 자기 행동을 후회했습니다. 예수님을 넘겨준 대가로 받은 돈을 제사장과 장로들에게 돌려주려 했지만 그들이 받지 않자 성소에 던져버리고는, 나가서 스스로 목숨을 끊었습니다.

3과는 예수님이 끌려가실 때 있었던 일입니다. 제자들은 모두 혼비백산하여 예수님을 버려두고 도망쳤습니다(마 26:56). 베드로는 예수와 함께 있는 모습을 봤다는 사람들의 말에 세 번이나 그를 모른다고 부인하고, 저주하며 맹세까지 했습니다. 그때 닭이 울었고, 그제야 베드로는 예수님이 하셨던 모든 말씀이 생각나 하염없이 흐느껴 울었습니다.

4과는 예수님이 예루살렘에 입성하시는 장면입니다. 어린아이부터 어른까지 많은 사람이 자기 겉옷을 벗어 길에 깔고 종려나무 가지를 흔들며 호산나를 외쳤습니다. 기쁜 마음으로 왕을 영접할 때 외치는 소리입니다. 그러나 예수님은 자신이 그들이 기대하는 메시아와 다르다는 사실을 보여 주시기 위해 평화의 동물인 나귀를 타셨습니다. 이후 사람들은 자신들의 기대와 다른 예수님을 한 치의 망설임도 없이 버렸습니다. 그러나 예수님은 그들을 끝까지 사랑하셨고, 하나님께서는 마침내 예수님을 다시 살리셨습니다.

로마서 5장 8절

♩= 170

작곡:이화익
편곡:이화익

3단원

1 마음을 **드려요**

배울 말씀 마가복음 14장 3~9절

새길 말씀 그는 힘을 다하여 내 몸에 향유를 부어 내 장례를 미리 준비하였느니라 내가 진실로 너희에게 이르노니 온 천하에 어디서든지 복음이 전파되는 곳에는 이 여자가 행한 일도 말하여 그를 기억하리라 하시니라 (막 14:8~9)

어느 평화로운 다람쥐 마을에 다람쥐 다람이가 살고 있었어요. 다람이는 평소와 같이 하루를 어떻게 보낼지 고민하고 있었어요. 그런데 똑똑 누군가 찾아왔어요. 문을 열어 보니 다람쥐 마을의 다람쥐 왕이었어요. 다람이는 기쁜 마음으로 왕이 집에 들어올 수 있도록 했어요. 평소 다람이는 왕을 존경하고 있었거든요. 다람이는 왕을 대접하고 싶었어요. 그래서 고민했죠. 어떤 선물을 왕에게 드릴 수 있을지를요. 다람이 눈앞에 두 가지가 있었어요. 하나는 평범한 도토리였고, 다른 하나는 제일 아끼는 황금 도토리였죠. 다람이는 망설임 없이 황금 도토리를 집어 들곤 다람쥐 왕에게 선물로 드렸어요. 그건 다람이의 마음의 표현이었죠. 오늘 함께 나눌 성경 이야기 속에도 이와 비슷한 행동을 했던 한 여인이 있었어요. 과연 어떤 일을 했을까 기대하는 마음으로 말씀 속으로 가 볼까요?

(향유 옥합의 이미지를 보여 주며) 여러분, 이 물건이 뭔지 맞춰볼까요? 이 물건은 향유 옥합이에요. '향유'는 향기로운 기름이고, '옥합'은 그 기름을 담는 병을 부르는 말이죠. 이 안에 담긴 향유는 순전한 나드 기름으로 아주 귀한 것이었어요. 이 기름은 여자가 남자와 결혼할 때 준비하는 혼수이자, 누군가가 죽었을 때 냄새 나지 말라고 몸에 바르는 장례용품이었어요. 이 향유는 굉장히 비싼 물건이었죠. 성경에는 이 향유가 300데나리온이었다고 말해요. 1데나리온이 성인 남자가 하루 일해서 버는 돈이었으니까 300데나리온은 거의 1년을 일해서 버는 돈이었어요. 그만큼 값비싼 물건이에요. 그런데 한 여인이 이 귀한 향유를 예수님을 위해서 기꺼이 내어드렸어요.

이스라엘 명절 중 가장 큰 절기인, 유월절과 무교절이 시작되기 이틀 전이었어요. 예수님은 제자들과 함께 베다니라는 동네에 있던 피부병 환자 시몬의 집에서 함께 저녁 식사를 하고 있었지요. 그때 뚜벅뚜벅 그 자리에 함께 있던 여인이 예수님께 다가갔어요. 그리고 손에 들고 있던 향유 옥합의 입구를 깨트려서 그 안에 담긴 향유(기름)를 전부 예수님의 머리 위에 부어드리는 게 아니겠어요? 당시 유대 관습 중에는 귀한 손님에게 향유를 붓는 관습이 있었대요. 여인에게 예수님은 아주 귀한 손님이었나 봐요. 맞아요. 여인은 예수님이 어떤 분이신지 알고 있었고, 예수님을 온 맘 다해 환영하길 원했죠. 그래서 예수님에 대한 사랑과 존경의 마음을 표현하고자 예수님 머리 위에 자신이 가지고 있던 향유 옥합 한 병을 전부 부어드렸어요. 여인에게는 그것이 조금도 아깝지 않았어요.

하지만 이 모습을 지켜본 제자들은 모두 깜짝 놀랐어요. 그리고 화를 냈어요. 제자들의 생각으로는 도저히 이해가 안 되는 행동이어서 이렇게 이야기했어요. "아깝게 그것을 낭비하면 어쩌는가. 차라리 그것을 돈 주고 팔아서 가난한 사람들을 도와주는 게 더 나았을 텐데 말이야." 제자들은 여인이 한 행동이 한심해 보였고, 값비싼 기름을 낭비한 것으로 보였어요. 하지만 예수님의 생각은 달랐어요. 예수님은 이야기하셨어요. "가만두어라. 너희는 어째서 이 여자를 괴롭게 하는 것이냐? 이 여자는 지금 나에게 말할 수 없이 좋은 일을 한 것이다." 제자들은 여인의 행동을 낭비로 보았지만, 예수님은 여인의 행동을 그 무엇과도 비교할 수 없는 좋은 일이라고 말씀하셨어요.

사실 예수님은 알고 계셨어요. 곧 자신이 세상의 모든 죄를 짊어지고 십자가에 못 박혀 죽을 것을 말이에요. 그래서 예수님은 그 여인의 행동이 자신의 장례를 준비한 일이라고 말씀하시며, 복음이 전파되는 곳 어디에서든지 이 일이 기억될 것이라고 하셨죠. 제자들은 여인이 예수님께 부어드린 향유의 값을 따지며 아까워했지만, 예수님은 여인의 마음을 보셨어요. 여인은 어떤 마음으로 그 일을 했을까요? 맞아요. 그 일은 예수님을 무척 사랑하는 마음에서 나타난 행동이었어요. 절대 쉬운 행

동이 아니었어요. 여인은 온 마음을 다해 예수님을 환영했고, 그 마음을 자신이 가진 가장 귀한 것을 드리며 표현했어요. 오늘 말씀 속 여인이 했던 것처럼 우리도 예수님을 그렇게 대해야 해요. 진심으로 예수님을 사랑하고 그 마음을 전해야 하죠. 자신이 가진 것을 아깝게 생각하지 않고 모두 내어드릴 정도로 말이에요. 여러분은 얼마만큼 예수님을 사랑하고 있나요? 그리고 어떻게 그 사랑을 표현하고 있나요?

우리는 지금 사순절을 보내고 있어요. 사순절은 부활절 전날까지 주일을 제외한 40일 동안으로 예수님의 십자가 사랑을 더 깊이 생각하는 기간이에요. 이 기간에 여러분이 예수님을 더욱 사랑할 수 있길 소망합니다. 그리고 그 사랑을 온 맘 다해 표현하길 소망합니다.

함께 기도해요

예수님, 우리를 위해 십자가에 달려 돌아가시고 삼 일 만에 부활하셔서 우리에게 영원한 생명을 허락해 주심에 감사합니다. 예수님께 향유를 부어드린 여인의 마음을 보시고 좋은 일을 했다고 칭찬하신 것을 배웠습니다. 우리도 예수님을 가장 귀한 분으로 여기고 온 마음을 다해 사랑하게 해 주세요. 예수님의 이름으로 기도합니다. 아멘.

3단원

2 잘못된 기대를 버려요

배울 말씀 마태복음 26장 14~16절, 27장 3~8절

새길 말씀 그가 그 때부터 예수를 넘겨 줄 기회를 찾더라 (마 26:16)

여러분, 한번 상상해 볼까요? 여러분에게 아주 친한 친구가 있어요. 매일 맛있는 것을 같이 먹고, 재미있는 것도 함께 보러 다녔어요. 둘은 서로를 단짝 친구라고 생각했죠. 그런데 어느 날부터 친구의 행동이 달라졌어요. 예전처럼 같이 다니기는 했지만, 무엇인가 나한테 실망한 게 있는 것만 같았지요. 만약 여러분이 이 일을 겪는다면 기분이 어떨 것 같나요? 아마 여러 가지 감정이 들 거예요. 슬픔, 짜증, 불쾌, 실망, 걱정 등이겠죠. 오늘 함께 나눌 성경 이야기 속에는 예수님을 늘 따랐던 예수님의 제자 가룟 유다가 예수님께 등을 돌리고 예수님을 파는 이야기가 나와요. 어떤 이야기일지 궁금한 마음을 가지고 말씀 속으로 가 볼까요?

(은돈 30개 이미지를 보여 주며) 여러분, 이게 무엇인지 아나요? 은으로 된 동전이에요. 모두 30개. 이것은 많은 돈일까요, 적은 돈일까요? 은돈 30개는 120데나리온으로 성인 남자가 4개월 동안 일해서 벌 수 있는 돈이에요. 또 힘없는 종 한 명의 몸

값으로 그리 많지 않은 돈이었어요. 그런데 은돈 30개 하면 짝으로 떠오르는 사람이 있어요. 바로 가룟 유다라는 사람이에요. 가룟이라는 지역에서 태어나서 가룟 유다라고 불렀어요. 가룟 유다는 예수님의 열두 제자 중 한 사람이었어요. 그리고 예수님께서 믿음직스러운 제자로 여기셨는지 예수님과 그 제자들이 함께 다니면서 사용하는 모든 돈을 관리했지요. 가룟 유다는 예수님과 함께 다니는 게 참 좋았어요. 예수님이 전하시는 말씀을 들으며 감동받았고, 행하시는 기적들을 보면 뿌듯했죠. 가룟 유다에게 예수님은 언제나 따르고 싶은 멋진 선생님이었어요.

그러던 어느 날, 언제나 그랬던 것처럼 예수님과 함께하는 식사 자리였어요. 그 자리에 있던 한 여인이 갑자기 향유를 예수님의 머리 위에 부어드리는 게 아니겠어요? 가룟 유다는 깜짝 놀라 소리쳤어요. "비싼 걸 그렇게 낭비하면 어떡합니까! 그것을 비싼 값에 팔아서 가난한 사람을 도와야지요!" 분명 가룟 유다는 가난한 사람들을 생각하는 마음으로 이야기했지만, 예수님은 그렇지 않다고 이야기하셨어요. 그러자 가룟 유다는 서운한 마음이 들었죠. '왜 나한테 뭐라고 하시지? 난 좋은 일

을 하려고 했던 건데.' 그러고 보니 최근 들어 예수님이 이상하다는 생각이 들었어요. 가룟 유다는 예수님께서 멋진 왕이 되어 높은 자리에 오르실 것이라고 확신했기 때문에 제자인 자신도 그 옆에 있기를 기대했어요. 하지만 최근에 예수님은 자신이 죽

임을 당하고 삼 일째 되는 날에 다시 살아나실 것을 이야기하셨고(마 16:21), 성전이 무너질 것이라는 말씀도 하셨고(마 24:1~2), 향유 부은 여인의 행동이 예수님의 장례를 준비하는 것(마 26:12)이라고 이야기하셨죠. 그 말씀들을 잘 생각해 보니 예수님이 멋진 왕이 안 될 수도 있겠다는 생각이 들었어요. 그래서 가룟 유다는 예수님에게서 돌아서기로 마음먹었죠.

가룟 유다는 예수님을 죽일 계획을 세운 대제사장들을 찾아갔어요. 그리고 이야기했죠. "내가 예수를 당신들에게 넘기면, 나에게 얼마를 주겠소?" 이 이야기를 들은 제사장들은 가룟 유다에게 예수를 넘겨받는 대가로 은돈 30개를 주었어요. 그 일이 있고 난 후 예수님께서는 가룟 유다의 마음을 아시고 그가 스스로 깨달을 수 있도록 도와주셨지만, 가룟 유다는 끝까지 모르는 척했어요. 그렇게 시간이 흘렀고, 결국 예수님께서 두 손이 묶인 채로 총독 빌라도에게 끌려가셨어요. 가룟 유다도 이 모습을 보았어요. 그런데 막상 그 모습을 보자, 가룟 유다는 덜컥 겁이 났어요. '내가 아무런 죄가 없는 예수님을 팔아넘긴 것 같아.' 그래서 예수님을 팔고 받았던 은돈 30개를 돌려주기 위해 대제사장들과 장로들을 찾아갔어요. 하지만 그들은 그 돈을 돌려받지 않았죠. 더 큰 불안감에 휩싸인 가룟 유다는 그 돈을 성전 안에 내던져 버리곤 밖으로 나가서 스스로 목숨을 끊고 말았어요.

여러분, 가룟 유다는 예수님을 왜 팔아넘겼을까요? 그건 가룟 유다가 생각하는 예수님의 모습과 실제 예수님의 모습이 달랐기 때문이었어요. 가룟 유다는 예수님이 로마를 물리치고 멋진 나라를 세우실 거라고 생각했어요. 그리고 자신에게 왕 옆의 높은 자리를 줄 수 있는 분으로 보았죠. 그런데 예수님의 생각은 달랐어요. 가룟 유다는 그런 예수님께 실망하고 싼값에 팔아넘긴 거예요.

여기서 중요한 것은 예수님께서 그럼에도 가룟 유다를 끝까지 사랑하셨다는 거예요. 예수님은 가룟 유다를 포기하지 않으셨어요. 가룟 유다가 자기 죄를 깨닫고 회개하고 예수님께 돌아오길 원하셨죠. 하지만 가룟 유다는 그렇게 하지 못했어요.

여러분, 예수님은 어떤 분인가요? 예수님은 가룟 유다가 생각했던 것처럼 그냥 멋진 선생님, 놀라운 기적을 행하는 사람으로 설명이 끝나는 분이 아니에요. 예수님은 아무런 죄가 없지만, 우리 죄를 대신 짊어지고 죽음에서 부활하신 그리스도이고, 우리의 구원자 메시아예요. 우리는 지금 사순절을 보내고 있어요. 이번 한 주는 매일매일 예수님께서 우리 죄를 대신 짊어지신 그리스도이심을 믿음으로 고백하길 축복합니다.

함께 기도해요

예수님, 감사합니다. 오늘 말씀을 통해 예수님은 멋진 선생님, 놀라운 기적을 행하시는 분, 내 소원을 들어주시는 분으로 끝나지 않음을 배웠습니다. 혹시 내 안에도 가룟 유다처럼 예수님을 오해하는 생각이 있었다면 깨닫게 도와주세요. 그리고 예수님이 내 생명을 살리는 구원자이심을 믿고 사랑하게 해 주세요. 예수님의 이름으로 기도합니다. 아멘.

3단원

3 겸손하게 예수님을 바라봐요

배울 말씀 마태복음 26장 33~35절, 69~75절

새길 말씀 이에 베드로가 예수의 말씀에 닭 울기 전에 네가 세 번 나를 부인하리라 하심이 생각나서 밖에 나가서 심히 통곡하니라 (마 26:75)

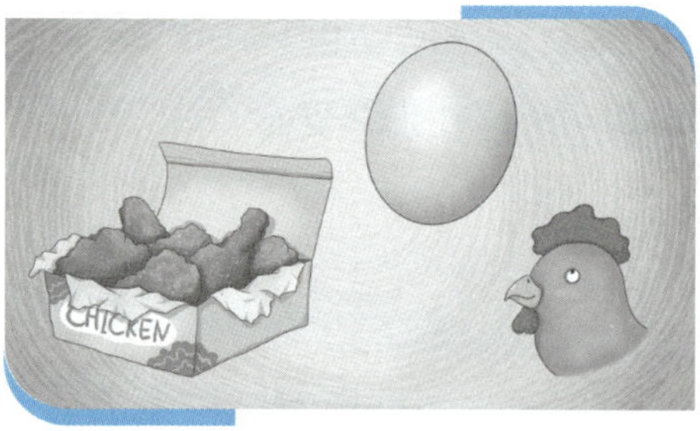

여러분, '꼬끼오~' 하고 우는 동물이 무엇이죠? 맞아요. 닭이에요. 닭을 떠올리면 맨 처음에 무엇이 떠오르나요? 맛있는 치킨을 생각하는 친구도 있을 테고, 달걀을 생각하는 친구도 있을 거예요. 그리고 멋지게 생긴 붉은 볏이 떠오를 수도 있어요. 그런데 닭 하면 생각나는 예수님의 제자가 있어요. 누구일까요? 바로 베드로예요.

여러분이 생각하는 베드로는 어떤 사람인가요? 예수님을 따라 물 위를 걸은 멋진

믿음을 가진 사람인가요? 예수님을 살아 계신 하나님의 아들이라고 고백한 사람인가요? 예수님 말씀에 순종해 많은 물고기를 잡은 사람인가요? 모두 베드로의 모습이 맞아요. 하지만 오늘 함께 나눌 말씀 속의 베드로는 이와는 달리 부끄러운 모습을 보여 주었어요. 어떤 이야기가 기다리고 있을지 말씀 속으로 들어가 볼까요?

어느 날 예수님이 제자들과 함께 감람산으로 올라가 말씀하셨어요. "오늘 밤, 너희는 모두 나를 버리고 도망갈 것이다." 갑작스러운 예수님의 말씀에 제자들은 어리둥절했어요. 그러자 베드로가 멋지게 이야기했어요. "예수님, 아니에요. 다른 제자들이 모두 예수님을 버리더라도 저는 절대 버리지 않을 겁니다." 하지만 예수님은 단호하게 말씀하셨어요. "너무 자신하지 말거라. 바로 오늘 밤, 너는 닭이 울기 전에 나를 세 번이나 모른다고 할 것이다." 베드로는 예수님 말씀을 듣고 다시 고개를 저었어요. "아니에요, 예수님! 전 예수님과 함께 죽으면 죽었지 절대 예수님을 모른다고 하지 않을 거예요." 베드로는 자신의 멋진 고백이 정말 뿌듯했어요.

그런데 일이 이상하게 흘러갔어요. 예수님께서 대제사장과 군인들에게 붙잡히시는 게 아니겠어요? 그리고 그들은 예수님을 대제사장의 집으로 끌고 갔고, 예수님은 그들의 손에 순순히 끌려가셨어요. 베드로는 그 모습을 이해할 수 없었어요. 하지만 적극적으로 그 일을 말릴 수도 없었어요. 왜냐하면 지금 나섰다가는 자신도 군인들에게 붙잡힐 것이 틀림없었기 때문이죠. 베드로는 그저 거리를 두고 예수님을 따라가며 지켜보기만 했어요.

예수님을 향한 심문이 시작되었어요. 밤은 점점 깊어 가고, 예수님께 죄를 묻는 사

람들은 “저 예수를 사형시키시오!”라고 외치며 흥분하기 시작했어요. 그걸 지켜보는 사람들도 점점 늘어났죠. 베드로는 예수님이 계신 곳 밖에 앉아 벌벌 떨고 있었어요. 그때였어요. 한 여자가 베드로를 발견하곤 그에게 물었어요. “어? 당신도 갈릴리 사람, 예수와 함께 있지 않았나요?” 예수님의 제자가 아니냐는 질문이었어요. 그러자 베드로는 당황하며 모르는 척 말했어요. “지금 당신이 무슨 말을 하는지 도대체 모르겠습니다.” 베드로가 이렇게 말하며 문가로 갔는데 또 다른 여자가 큰 소리로 외쳤어요. “이 사람, 나사렛 예수와 함께 있던 사람이에요!” 그러자 베드로도 소리쳤어요. “무슨 말입니까? 나는 그런 사람을 맹세코 모릅니다. 본 적도 없어요.” 잠시 후 몇몇 구경꾼들이 베드로에게 다가와서 또다시 추궁했어요. “왜 모르는 척하지? 분명 너도 저 예수라는 자와 같이 다녔잖아. 네가 쓰는 사투리를 보면 알아.” 그러자 이번에는 베드로가 예수님을 저주까지 하며 말했어요. “나는 그 사람을 절대 모릅니다.” 이 말을 뱉자마자 닭이 ‘꼬끼오’ 하고 우는 소리가 들렸어요. 그제야 예수님께서 하신 말씀이 기억난 베드로는 너무 부끄러웠어요. 그리고 너무 죄송한 마음에 눈물이 차올라서 밖으로 뛰쳐나가 펑펑 울었어요. 울고 또 울었어요. 이 일은 베드로의 삶에 큰 사건이 되었고, 후대 기독교인들이 이를 기억하고 기념하려고 베드로가 회개한 장소에 ‘닭 울음 성당’을 지었대요. 그 성당은 지금도 이스라엘을 여행하면 볼 수 있어요.

여러분, 베드로가 펑펑 울었던 이유는 무엇일까요? 그건 예수님을 모르는 척했다는 미안한 마음 때문이었을 거예요. 단순히 미안함을 넘어서 자신이 하나님 앞에 얼마나 연약한 사람인지 깨달았을 거구요. 여러분은 어떤가요? 누군가가 예수님을 믿는다고 놀리거나 괴롭히더라도 끝까지 예수님을 믿는다고 말할 수 있나요? 실제 그 일이 내 앞에 벌어진다면 절대 쉽지 않을 거예요. 하지만 베드로가 깨달았던 것처럼 우리도 하나님 앞에서 작고 연약한 존재임을 깨닫고 하나님을 찾는 것이 중요해요. 베드로가 울며 하나님을 찾았던 것처럼 말이에요.

하나님은 그런 우리를 끝까지 포기하지 않으신답니다. 그 끝없는 사랑으로 우리 죄를 대신해 십자가에 달려 돌아가시고 삼 일 만에 부활하신 분이 바로 예수님이에요. 사순절을 보내는 지금, 그 사랑을 다시 기억하고 예수님을 온전히 사랑하는 어린이가 되길 축복합니다.

함께 기도해요

사랑의 예수님, 감사합니다. 우리는 멋있는 하나님의 자녀이지만, 동시에 한없이 작고 연약한 사람임을 인정합니다. 하나님 앞에 더 겸손하게 하시고, 무엇보다 하나님과 가까운 사이가 되어 늘 하나님을 찾는 사람이 되게 해 주세요. 그래서 지은 죄가 있다면 깨닫고 회개할 믿음을 허락해 주세요. 예수님의 이름으로 기도합니다. 아멘.

3단원

4 호산나! **어린 나귀**를 타셨어요

배울 말씀 마가복음 11장 1~11절

새길 말씀 앞에서 가고 뒤에서 따르는 자들이 소리 지르되 호산나 찬송하리로다 주의 이름으로 오시는 이여 찬송하리로다 오는 우리 조상 다윗의 나라여 가장 높은 곳에서 호산나 하더라 (막 11:9~10)

여러분, 사람들이 굉장히 많이 모여 있어요. (사람들이 많이 모인 사진이나 그림을 보여 준다.) 무슨 일일까요? 어떤 나라 왕이 곧 이 앞을 지나갈 예정이래요. 여기서 퀴즈 하나! 곧 멋지게 등장할 왕이 타고 올 것으로 어울리지 않는 것은 무엇일까요? 1번 슈퍼카. 2번 고급 리무진. 3번 동네 자전거. 4번 연예인 밴. 정답은? 맞아요. 바로 3번이에요. 위엄과 권위가 있는 멋있는 왕이 동네 자전거를 타고 등장하는 것은 무척이나 어울리지 않는 모습이죠. 그런데 오늘 말씀에서는, 이 땅을 구원할 왕으로 오신 예수님께서 전혀 어울리지 않는 동물을 타고 사람들 앞에 나타나셨어요. 어떤 동물인지 여러분은 알고 있나요? 바로 어린 나귀예요. 대체 무슨 일이 있었길래 예수님께서 어린 나귀를 타고 나타나셨을까요? 그 이야기를 들으러 말씀 속으로 들어가 봅시다.

히힝~ 어린 나귀 한 마리가 마을 입구에 묶인 채로 소리를 내어 울고 있어요. 아직 한 번도 누군가를 등에 태워 본 적 없는 어린 나귀였어요. 다른 나귀들은 모두 각자의 역할이 있었지만, 어린 나귀는 아직 역할이 없었죠. 하지만 언젠가 꼭 멋지게 짐을 실어 나르는 나귀가 되고 싶었어요. 그리고 가장 먼저 등에 태우게 될 사람이 누구일지 궁금했죠.

그러던 어느 날, 두 사람이 찾아왔어요. 그러고는 어린 나귀의 줄을 풀어 데려 가려고 하는 게 아니겠어요? 나귀는 어리둥절했어요. 그때 주변에 있던 마을 사람들이 두 사람에게 말했어요. "당신들 지금 뭐 하는 거요? 이 나귀가 당신네 나귀요?" 그러자 두 사람이 대답했어요. "우리는 이 나귀가 필요합니다. 예수님께서 이 나귀가 필요하다고 하셨어요. 일을 마친 다음에 다시 이리로 데려다 놓겠습니다."

어린 나귀의 두 귀에 예수님이라는 이름이 쏙 들어왔어요. '예수님? 예수님이 누구지? 어디서 많이 들어 본 이름 같은데, 누군지는 잘 모르겠네.' 그렇지만 나귀의 마음은 금방 두근거렸어요. 처음으로 누군가를 태운다는 사실만으로도 너무나 설렜죠.

그렇게 어린 나귀는 두 사람을 따라갔어요. 열심히 걸어가다 보니, 저 멀리 예수님

의 모습이 보였어요. 그 얼굴을 얼핏 보니 그분의 인자한 미소가 보였고 나귀는 좋은 분 같다는 생각이 들었어요. 어린 나귀의 마음은 더욱 두근거리기 시작했죠. 그렇게 예수님 앞에 서자 그 옆에 있던 사람들이 어린 나귀의 등 위에 겉옷을 펼쳐 덮었어요. 그러자 예수님께서 그 등 위에 앉으셨어요. 어린 나귀는 기쁜 마음으로 가파르고 울퉁불퉁하고 뜨거운 자갈길을 열심히 걸으며 올리브 산을 지나 예루살렘으로 향했어요.

예루살렘에 다다르자 수많은 사람이 예수님을 마중 나와 있었어요. 그들은 예수님이 밟고 가실 길을 만들기 위해 겉옷을 벗어 먼지 나는 길에 깔아두었고, 또 어떤 사람들은 종려나무 가지를 꺾어다 깔아 두었어요. 예수님을 맞이하는 사람들의 얼굴에는 환한 미소가 가득했어요.

그런 모습을 보며 어린 나귀는 생각했죠. '지금 내 등 위에 계신 예수님은 대단한 분이 확실해. 이렇게 많은 사람이 길거리로 나와 환영하는 것을 보면 말이야. 너무 기쁘다. 내가 예수님을 태우고 갈 수 있어서 정말 기뻐.' 그리고 사람들은 예수님을 태운 어린 나귀가 예루살렘 안으로 들어갈 때까지 시편에 나오는 노래를 부르며 예수님을 찬양했어요. '호산나! 주님의 이름으로 오시는 분이시여, 찬양을 받으소서!' 그 찬양의 소리를 들으며, 어린 나귀는 또다시 생각했어요. '다른 멋진 말도 있었을 텐데, 이렇게 환영받는 분이 왜 나를 선택하셨을까?'

여러분, 예수님께서는 예루살렘으로 들어가실 때 타고 갈 동물로 어린 나귀를 선택하셨어요. 이것은 평범한 선택이 아니에요. 보통 왕은 말을 타지 나귀를 타지는 않기 때문이에요. 예수님께서는 이 땅을 구원할 왕으로 오셨지만, 어린 나귀를 타고 예루살렘으로 들어가셨어요. 왜 그랬을까요? 그 이유는 예언자들의 언약을 이루기 위함이었어요. 하나님께서는 예언자 스가랴를 통해서 구원자가 어린 나귀를 타고 예루살렘으로 오게 될 것을 말씀해 주셨고, 예수님은 그것을 이루기 위하여 어린 나귀를 선택하셨어요. 어린 나귀는 스스로 자신을 어리고 부족하다고 생각했지만, 아무리 작은 존재일지라도 하나님이 선택하시면 귀하게 쓰임 받을 수 있어요.

여러분, 우리도 비록 연약한 존재이지만 하나님의 언약 안에서 귀하게 쓰임 받을 수 있음을 깨닫길 바랍니다. 그리고 오늘 들은 말씀 속 수많은 사람이 예루살렘으로 오시는 예수님을 향해 '호산나' 하고 외쳤던 것처럼 '호산나, 나를 구원해 주셔서 감사합니다.' 하고 고백하는 어린이가 되길 축복합니다.

함께 기도해요

사랑의 예수님, 호산나! 찬양합니다. 우리를 구원하시기 위해 이 땅에 오신 예수님을 찬양합니다. 우리는 스스로 어린 나귀처럼 부족하고 아직은 어린아이라고 생각할지 몰라도, 하나님의 계획은 놀랍고 크다는 것을 압니다. 언제나 그 놀라운 계획을 믿고 하나님을 신뢰하고 의지하며 살아가게 해 주세요. 예수님의 이름으로 기도합니다. 아멘.

4 단원

나를 상징하는 물건

주제 내가 가진 것이 곧 나다.

4단원에서는 성경 인물과 함께 떠오르는 여러 상징물에 대해 알아봅니다. 어떤 사건이나 인물과 엮이면서 독특한 의미를 갖게 된 것이 '상징' 또는 '상징물'입니다.

1과에서는 십자가가 언제부터 그리고 어떤 이유로 그리스도인과 교회를 의미하는 대표 상징물이 되었는지 알아봅니다. 본래 십자가는 사람을 고문하고 사형을 집행할 때 사용한 열 십(+) 자 모양의 형벌 도구입니다. 그러나 예수님의 죽음과 부활 이후 십자가는 예수 그리스도를 상징하게 되었고, 이후 예수 그리스도를 따르는 사람들, 즉 그리스도인을 뜻하는 종교적 의미를 갖게 되었습니다.

2과는 요시야 왕과 율법책에 관한 이야기입니다. 요시야는 8세의 어린 나이에 왕위에 올라 31년간 남유다를 다스렸습니다(대하 34:1). 통치 18년째가 되던 해(26세)에 하나님의 성전을 새롭게 단장하던 중 율법책을 발견했습니다. 그리고 유다와 예루살렘의 모든 사람과 함께 율법책에 기록된 내용을 큰 소리로 읽고, 그것을 지키며 믿음과 순종으로 하나님을 따르기로 약속했습니다. 요시야 왕은 제2의 종교개혁이라 불리는 대대적인 정결 작업과 영적 각성을 통해 백성의 잃어버린 신앙을 회복했습니다.

3과는 엄청난 괴력의 소유자 삼손 이야기입니다. 삼손은 우리에게 꽤 익숙한 인물이며, 특히 그의 긴 머리카락에 얽힌 이야기는 영화나 뮤지컬로도 만들어질 만큼 매우 유명합니다. 구약의 마지막 사사였던 삼손은 태어날 때부터 '나실인'이었습니다. 나실인이란 '구분(구별)된 자'라는 뜻으로, 일평생 또는 특별한 헌신을 위해 한시적으로 세상과 단절하고 스스로를 구별하여 하나님께 자신을 봉헌한 사람을 말합니다.

4과의 주인공은 세례 요한과 낙타털로 만든 그의 옷입니다. 요한은 '광야에 외치는 자의 소리(마 3:3)'라는 별명으로 불리기도 했고, 예수님께 '최고의 예언자(마 11:10, 메시지성경)', '여자가 낳은 자 중 가장 큰 자'라는 칭찬을 듣기도 했습니다(마 11:11). 낙타털 옷을 입고 메뚜기와 석청(야산이나 들판에서 채집한 야생 벌꿀)을 먹으며 광야에서 생활했다는 기록은 그가 철저하게 금욕과 경건의 생활을 하면서 복음을 전파했음을 보여 줍니다.

열왕기하 23장 3절

♩=74

작곡:이화익
편곡:이화익

4단원 1 그리스도인과 **십자가**

배울 말씀 마태복음 27장 21~26절, 33~37절

새길 말씀 그러나 내게는 우리 주 예수 그리스도의 십자가 외에 결코 자랑할 것이 없으니 그리스도로 말미암아 세상이 나를 대하여 십자가에 못 박히고 내가 또한 세상을 대하여 그러하니라 (갈 6:14)

멜리사 할머니는 방금 사랑하는 남편, 허드슨 할아버지를 먼저 천국으로 보냈어요. 아주 아주 슬펐지만, 다른 한편으론 마음이 놓였어요. 왜냐면 허드슨 할아버지는 암에 걸려서 몇 년째 아주 고통스러운 시간을 보내고 있었거든요. '이제는 천국에서 편하게 쉴 수 있겠구려. 혼자서 외로워하지 말아요. 조금만 기다리면 나도 갈 거예요. 우리 마틴네 손주 결혼하는 것만 보고 갈 테니, 그때 만납시다.' 다음 날 한창 장례를 치르는 중

에 아들 마틴이 손에 종이 한 장을 들고 멜리사를 찾아왔어요. "어머니, 아버지 묘비를 이렇게 세우려고 해요." 아들이 건네준 종이에는 까만 묘비에 남편의 이름이 단정히 새겨져 있었어요. 한참 들여다보던 멜리사는 종이를 반으로 접어 아들에게 돌려주며 말했어요. "그림을 하나 그려 넣으면 좋겠구나. 네 아버지가 평소에 좋아하던 피아노 그림을 말이야. 그게 네 아버지를 가장 잘 기억하는 방법일 거야." 멜리사 할머니의 생각이 어떤가요? 할아버지를 기억하기 위해 묘소를 찾아온 사람마다 암으로 고통스러워하던 병상의 모습이 아니라, 가족들 앞에서 피아노를 연주하며 즐거워하시던 생기 넘치는 모습을 먼저 떠올리게 되겠죠?

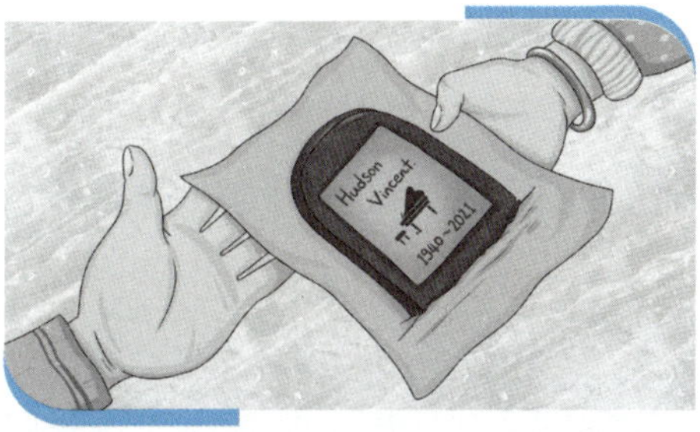

2천 년 전, 예수님을 기억하려고 한 사람들도 멜리사 할머니와 같은 생각을 했어요. 예수님을 떠올릴 수 있는 그림들을 그렸고, 그 그림들을 통해 예수님을 생각했죠. 무언가를 떠올리기 위하여 사용하는 그림을 가리켜 상징이라고 해요.

처음에 예수님을 상징하는 그림들은 물고기와 동전, 빵과 물고기였어요. 사람들은 이런 그림을 통해 예수님과 베드로가 만난 이야기, 물고기 배 속에서 동전 두 닢을 꺼낸 이야기, 오천 명이나 되는 사람들을 들에서 배불리 먹이신 이야기를 떠올리고, 그 이야기 중심에 있는 예수님을 생각하게 되었죠. 그런데 시간이 지날수록 예수님을 기억하는 그림이 하나로 통일되기 시작했어요. 바로 십자가예요. 사람들은 십자가를 보면서 예수님의 어떤 이야기를 떠올렸을까요?

답은 바로 우리가 오늘 읽은 본문에 있어요. 유대 종교 지도자들에게 고발당해 로마 군인들의 손에 끌려온 예수님은 본디오 빌라도에게 재판을 받으셨어요. 빌라도는 유대 지도자들의 주장과는 달리, 예수님에게서 별다른 잘못을 찾지 못했어요. 하지만 유대 지도자들의 요구를 들어주지 않으면 그들이 백성들을 부추겨 어떤 소란을 일으킬지도 모른다는 걱정이 들었어요. 결국 빌라도는 예수님을 미워한 유대 지도자들의 성화에 못 이겨 예수님에게 십자가형을 선고했어요. 로마 군인들은 예수님을 뒤뜰로 데려가 겉옷을 벗기고 채찍질하고 가시나무로 왕관을 만들어 머리에 씌웠어요. 이후 로마 병사들은 예수님을 골고다라고 부르던 언덕으로 끌고 가 커다란 세 개의 못을 박아 십자가에 매달았어요. 예수님은 그렇게 십자가에 달리셨고, 고통스러운 죽음을 맞으셨어요.

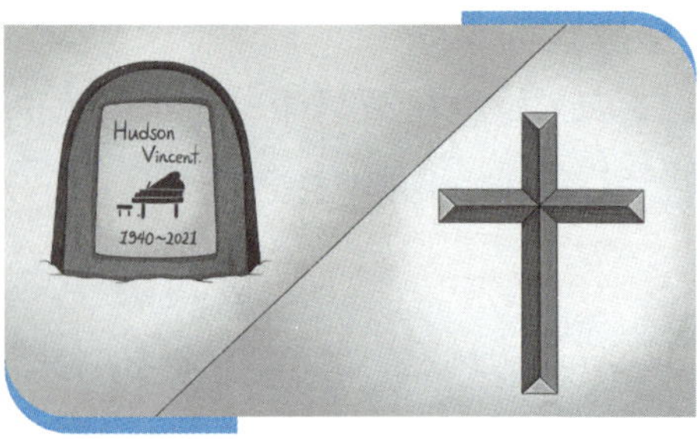

사람들은 십자가 그림을 볼 때마다 예수님이 겪으신 이 모든 고난의 이야기들을 떠올렸어요. 그런데 이상하지 않나요? 허드슨 할아버지의 상징은 할아버지의 고통스러운 모습보다 행복하던 때를 떠올리는 그림이었는데, 왜 예수님을 기억하려는 사람들은 예수님의 좋은 모습이 아닌, 고통스러운 모습을 떠올리게 만드는 십자가를 예수님의 상징으로 삼았을까요?

그것은 어쩔 수 없이 병에 걸리는 것과 달리, 예수님은 우리를 위하여 스스로 고난받는 십자가를 선택하셨기 때문이에요. 십자가에는 예수님이 받으신 고난뿐만이 아니라, 그 고난을 선택하시기까지 우리를 사랑하신 예수님의 마음이 있답니다. 그래서 사도 바울은 "내게는 예수 그리스도의 십자가 외에는 결코 자랑할 것이 없습니다."라고 고백했대요.

이처럼 사람들은 이 십자가를 예수님의 상징으로 삼아 오래도록 곁에 두고 보았어요. 그리고 예수님에 대한 다양한 고백들을 십자가 그림에 함께 담기도 했어요. 엄마가 아기를 꼭 품어주는 모습에서 우리를 향한 예수님의 사랑을 발견한 사람들이 이 모습을 본떠 이런 십자가를 그렸어요. 어려서 부모님을 잃은 아이들에게 예수님은 엄마 아빠가 되어 주셨고 나를 주님의 자녀로 삼아 주셨다고 느낀 사람들은 마치 집처럼 보이는 십자가를 그렸어요. 예수님의 손을 꼭 잡은 두 어린이가 보이나요? 포도나무를 가꾸는 농부들은 매일 보는 포도나무에서 참 포도나무이신 예수님을 떠올렸어요. 그래서 이렇게 포도나무로 된 십자가를 그렸죠.

이처럼 십자가는 예수님을 기억하는 하나의 방법이에요. 십자가를 보면서 우리를 위해 고난을 마다하지 않으신 예수님의 사랑을 기억하고, 오늘 우리의 고백을 더해 멋진 십자가를 그려 보는 것은 어떨까요? 내가 그린 십자가를 통해 예수님을 더욱 가깝게 생각하는 어린이들이 되기를 바라요.

함께 기도해요

하나님, 감사합니다. 오늘은 그림을 통해 예수님을 생각하는 방법을 배웠어요. 다양한 상징을 통해 예수님을 생각할 때, 예수님이 주시는 놀라운 은혜를 더 많이 경험하도록 인도해 주세요. 사랑의 예수님 품에서 더 많이 기뻐하며 살게 도와주세요. 예수님의 이름으로 기도합니다. 아멘.

4단원

2 요시야와 율법책

배울 말씀 열왕기하 22장 1~5절, 13절, 23장 1~3절

새길 말씀 왕이 단 위에 서서 여호와 앞에서 언약을 세우되 마음을 다하고 뜻을 다하여 여호와께 순종하고 그의 계명과 법도와 율례를 지켜 이 책에 기록된 이 언약의 말씀을 이루게 하리라 하매 백성이 다 그 언약을 따르기로 하니라 (왕하 23:3)

이사 가기 한 주 전, 엄마가 민주에게 말했어요. "이제 다음 주면 우리 이사할 거야. 이삿짐 나르다 뭔가 없어질 수도 있으니까, 중요한 물건은 가방에 직접 챙겨 둬. 동생 민성이 가방 싸는 것도 네가 도와주고…." 민주는 정말로 그런 일이 일어날 수 있다고 생각하고는, 소중한 물건들을 모아 놓은 상자를 열고, 거기에 있는 물건들을 가방에 옮겨 담았어요. 그리고 동생 가방도 챙겨 주었죠. 이삿날 아침, 학교도 가기 전에 이삿짐센터 아저씨들이 도착하셨어요. 더 일찍 일어나 학교 갈 준비를 마친 민주와 민성이는 엄마 차 안에서 잠시 기다리기로 했죠. 민주와 민성이는 분주하게 짐을 나르는 아저씨들을 창밖으로 바라보고 있었어요.

그런데 그때, 민주가 아저씨들이 나르던 짐 속에서 뭔가를 발견했어요. "앗, 내 동화책!" 민주는 밖으로 나가 아저씨들이 막 땅에 내려둔 책 바구니를 열고는, 거기서 동화책을 하나 꺼냈어요. "와~ 내가 이걸 잊고 있었네." 차로 돌아온 민주는 책을 열어 보았어요. 거기에는 돌아가신 아빠와 마지막으로 함께 갔던 가족여행에서 발견한, 잘 말린 네 잎 클로버가 꽂혀 있었답니다.

분명히 소중한 것이었는데, 민주는 왜 이 책을 가방에 넣지 못했을까요? 그것은 너무 오랫동안 펴 보지 않아서 거기에 무엇이 들어 있었는지를 잊었기 때문이에요. 잊고 있었던 책에서 아빠와의 추억이 담긴 클로버를 발견한 민주의 기분을 생각해 보세요. 마치 잃어버린 보물을 되찾은 것처럼 느끼지 않았을까요? 그날부터 지금까지 쭉 내 방에 있었지만 말이죠.

이런 일이 요시야 왕에게도 일어났어요. 요시야 왕도 오랜 시간 묻혀 있던 책을 다시 찾았거든요. 바로 하나님의 말씀을 기록한 오래된 두루마리를요.

요시야는 겨우 여덟 살에 왕이 되었어요. 왕위에 올랐지만 진짜 왕처럼 신하들을 다스릴 수는 없었어요. 아직 배워야 할 것들이 많은 어린이였으니까요. 무엇보다 신하들이 어린 자신을 왕으로 여겨 주지 않았기 때문이에요. 요시야는 조용히 왕이 될 준비를 해 나갔어요. 그렇게 시간이 흘러 스무 살이 되던 해, 요시야는 자신이 왕으로서 해야 할 일들을 시작했어요. 바로 나라 이곳저곳에 있는 우상을 없애는 일이었어요. 할아버지 므낫세 왕과 아버지 아몬 왕의 시대에 우상들을 이스라엘 이곳저곳에 많이 세웠거든요. 우상과 우상을 섬기기 위해 만든 신당들을 다 없애라고 명령하는 요시야의 모습을 보며, 여덟 살 어린 왕을 떠올리는 사람은 더 이상 없었어요. 요시야 왕은 자신이 하나님을 잘 섬기는 훌륭한 왕이 될 거라는 믿음을 갖고 담대하게 이 일을 했어요.

이스라엘에 남은 우상들을 제거하던 어느 날, 요시야 왕은 하나님의 성전이 자기가 지내는 왕궁에 비해 잘 관리되지 않아서 낡은 것이 눈에 들어왔어요. 왕은 신하를 불러 대제사장에게 올라가서 성전의 낡은 곳을 수리하고 깨끗하게 할 것을 명령했어요. 이 명령은 금세 대제사장 힐기야에게 전달되었고, 힐기야는 목수들을 불러 성전 곳곳을 수리하기 시작했죠. 그런데 한 목수가 성전의 허물어진 벽 틈에서 오래된 두루마리를 발견했어요. 목수는 이것을 대제사장에게, 대제사장은 왕의 신하에게, 신하는 다시 요시야 왕에게 보여 주었어요. 요시야 왕은 신하에게 두루마리를 읽게 했어요. 두루마리에 적힌 말씀을 가만히 듣고 있던 요시야 왕이 어느 순간 울기 시작했어요. 울음은 점점 커졌고, 이윽고 요시야 왕은 입고 있던 옷을 찢으며 통곡하기 시작했어요. 자기 옷을 찢는다는 것은 아주 큰 슬픔을 표현하는 행동이었어요.

요시야 왕이 읽은 두루마리에는 하나님을 섬기지 않는 백성을 향한 하나님의 무시무시한 경고의 말씀이 적혀 있었죠. 이렇게나 중요한 말씀이 성전 안에 있는 줄도 모른 채 그냥 내버려두고 있었다는 사실이 너무 죄송하고 자신에게 화가 났어요. 요시야 왕은 유다에 있는 모든 사람을 불렀어요. 그리고 그들에게 두루마리를 보여 주며 말했어요. "우리 모두 하나님 앞에 다시 약속합시다. 마음을 다하고 뜻을 다해 하나님께 순종하고 하나님이 주신 이 책의 말씀을 지켜 여기 기록된 하나님의 언약이 진실로 이루어지게 합시다." 백성도 왕과 마음을 같이하며 하나님 말씀을 따라 행동하기로 약속했답니다.

요시야 왕이 발견한 말씀 책은 오래도록 하나님의 성전 안에 있었어요. 그러나 아주 오랫동안 누구에게도 읽히지 않았죠. 요시야 왕이 발견한 두루마리, 말씀 책은 오늘날 성경을 말해요. 여러분의 말씀 책, 성경은 지금 어디에 있나요? 혹시 성경책을 찾아본 일이 너무 오래라 성경책이 지금 집안 어디에 있는지 기억나지 않는 어린이가 있을까요? 속으로 '앗! 어디에 두었더라?' 생각한 어린이들은 오늘 집에 가서 꼭 성경책을 찾아보기를 바라요. 또 성경책이 어디에 있는지는 알고 있지만, 오랫동안 펴서 읽어 보지 않은 어린이들도 있나요? 성경책이 어디에 있는지 아는 것보다 더 중요한 것은 성경책을 읽는 거예요. 성경을 찾아서 읽지 않는다면, 잃어버린 것과 별로 다르지 않기 때문이지요. 그러니 여러분, 우리도 오늘 요시야 왕의 말대로 다시 하나님께 약속하기로 해요. 잊고 있었던 책을 찾고, 거기에 적힌 하나님의 말씀을 읽으며 하나님의 뜻을 잘 따르는 어린이가 되기로요. 하나님께서 정말 기뻐하시며 주님의 옳은 길로 우리를 인도해 주실 거예요.

함께 기도해요

하나님, 감사합니다. 오늘 말씀을 통해 잃어버린 하나님의 말씀을 되찾은 요시야 왕의 이야기를 들었습니다. 우리도 하나님의 말씀을 잊은 채 살고 있지는 않은지 돌아보게 해 주세요. 날마다 성경책을 찾아 읽으면서 그 안에 적힌 말씀대로 살아갈 수 있게 도와주세요. 예수님의 이름으로 기도합니다. 아멘.

4단원

3 삼손과 머리털

배울 말씀 사사기 16장 4~31절

새길 말씀 삼손이 진심을 드러내어 그에게 이르되 내 머리 위에는 삭도를 대지 아니하였나니 이는 내가 모태에서부터 하나님의 나실인이 되었음이라 만일 내 머리가 밀리면 내 힘이 내게서 떠나고 나는 약해져서 다른 사람과 같으리라 하니라 (삿 16:17)

민주는 방에서 혼자 놀고 있는 민성이를 몰래 지켜봤어요. 민성이는 누가 보고 있는 줄도 모르고 변신 놀이에 푹 빠져 있었죠. 엄마가 사 주신 장난감 시계를 팔에 차고는 “시계를~ 돌려 봐요~ 헬로 헬로!” 노래를 부르며 야단법석 온갖 폼을 다 잡았어요. 몰래 지켜보던 민주의 웃음보가 터졌어요. “아하하~ 네가 이 로봇이냐?” 민성이는 처음에는 당황했지만 대놓고 웃는 누나에게 침착하게 다가가서 작게 속삭였어요. “액션 펀치!” 동시에 몸을 웅크려 누나의 옆구리를 짧게 끊어 쳤어요. 그 순간 누나의 웃음소리가 그쳤어요. 짧은 정적 뒤 누나의 울음소리가 이어졌고, 곧 엄마에게 불려 가서 둘 다 혼이 났죠. 혼이 나면서도 민성이는 속으로 이렇게 생각했어요. '그래. 이 시계만 차면 나도 누나를 이길 수 있어.' 어때요, 여러분? 다음에도 민성이는 시계의 도움을 받아 누나를 이길 수 있을까요?

삼손은 힘이 아주 센 장사였어요. 어느 정도였냐 하면, 사자와 일대일로 싸워서 이기고, 천 명이나 되는 블레셋 군인들을 혼자 무찌를 만큼 힘이 세기로 이름을 날리던 사람이었죠. 그런 삼손의 힘의 비밀은 바로 하나님께 있었어요. 하나님은 나실인으로 태어나 자란 삼손에게 아주 강한 힘을 선물로 주셨어요.

하지만 삼손은 이런 하나님의 마음을 모르고 나실인이 된 것에 불만이 많았죠. "나실인은 하지 말아야 할 것이 너무 많아. 이렇게 힘이 세면 뭘 해? 포도주도 마음대로 못 먹는데…." 앞서 말했다시피 삼손은 나실인이었어요. 나실인은 '나는 하나님께 드려진 사람으로 살겠습니다.'라고 하나님 앞에 약속하고, 그 약속을 지키며 사는 사람을 말해요. 나실인이 되면 그 몸은 하나님의 것이므로, 자기 몸에 해가 되는 일을 하면 안 되었어요. 그런데 삼손은 그게 마음에 안 들었어요. 자신이 원해서 나실인이 된 것이 아니었기 때문이에요.

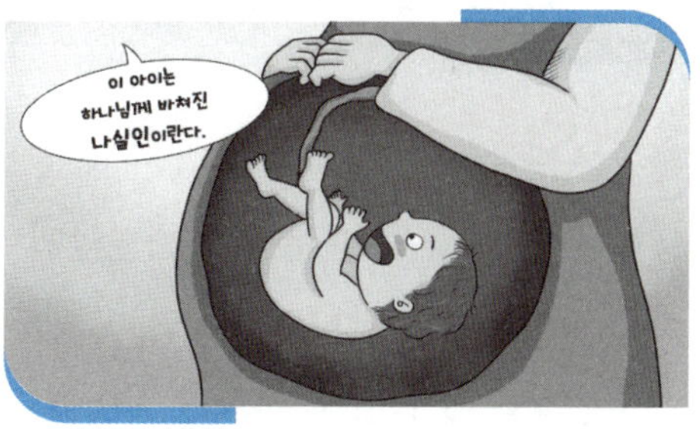

삼손이 아직 엄마 배 속에 있을 때, 천사가 찾아와 말했어요. "네가 임신하여 아들을 낳으리니 그의 머리 위에 삭도를 대지

말라. 이 아이는 태에서 나옴으로부터 하나님께 바쳐진 나실인이 됨이라." '내가 나실인이 되겠다고 한 적도 없는데, 정말 억울해.' 이렇게 생각한 삼손은 자기 마음대로 나실인의 규칙을 어겼어요. '에잇, 그냥 해버려야지. 술도 마실 거야. 여자 친구도 사귀고. 대신 내가 딱 하나는 반드시 지킨다. 바로 이 길고 멋진 머리카락! 이건 좀 괜찮은 듯!' 삼손은 머리카락을 자르면 안 된다는 규칙만 지키고 다른 나실인의 규칙들은 무시했어요. 그런데 삼손의 힘은 조금도 줄어들지 않았어요. '어라, 이것 봐라? 괜찮은데? 아무래도 내 힘의 원천은 이 멋진 머리카락에 있는 것 같아. 이것만 지키면 되겠다.' 하면서 머리카락만 지키면 자신의 강한 힘도 잘 지켜낼 수 있으리라 생각했죠. 그래서 삼손은 절대로 머리털을 자르지 않고, 길게 묶고 다녔어요.

그런데 어느 날, 삼손은 그 어마어마한 힘을 한순간에 잃고 말았어요. 소렉 골짜기에 사는 여인 들릴라의 꼬임에 넘어가 머리털이 잘리고, 블레셋 군인들에게 꼼짝없이 잡혀 감옥에 갇히게 된 거예요. 블레셋 사람들은 삼손의 두 눈을 멀게 만들고 큰 맷돌 앞으로 끌고 가 소처럼 큰 돌을 끊임없이 돌리게 했어요. 삼손은 왜 자신이 모든 힘을 잃게 되었는지 생각했어요. 처음에는 머리털이 잘렸기 때문이라고 생각했죠. 하지만 더 깊이 생각한 끝에 그것이 아님을 알게 되었어요. 오늘 같은 상황은 단순히 머리털을 잘랐기 때문이 아니라, 하나님이 주신 힘을 내 마음대로 사용한 자신의 잘못 때문임을 깨달았답니다. 삼손은 이것을 깨닫고는 엉엉 울었어요. 아주 깊이 후회했답니다.

그런 삼손에게 다시 기회가 찾아왔어요. 삼손은 군인들에게 끌려가 블레셋의 우상

신상이 있는 큰 신전 기둥에 묶였어요. 삼손은 그곳이 블레셋 사람들이 믿는 다곤 신의 신전이라는 것과 수많은 블레셋인이 포로가 된 자신을 보러 이곳에 왔다는 사실을 알았어요. 삼손은 간절한 마음으로 기도했어요. '하나님, 한 번만 더 제게 힘을 주세요. 내 힘은 머리털이 아니라, 하나님께로부터 오는 것을 압니다. 그 힘을 하나님이 원하시는 곳에 사용할 수 있도록 한 번만 더 제게 힘을 주세요.' 기도를 마친 삼손은 몸에 힘이 깃드는 것을 느꼈어요. 머리카락은 아직 짧았지만, 삼손은 큰 힘으로 신전의 기둥을 밀어 넘어뜨렸고, 그 아래에서 잔치를 벌이던 블레셋인들과 함께 죽었답니다.

멋진 시계가 힘을 주는 것이 아니에요. 긴 머리털이 삼손의 힘의 원천도 아니었죠. 우리에게 주어진 힘과 재능의 원천은 바로 하나님이랍니다. 힘이 센 것, 똑똑한 것, 재치 있는 것, 재빠른 것과 같은 모든 재능의 원천은 바로 하나님이에요. 그러니 우리는 이런 재능들을 하나님이 원하시는 곳에 사용해야 해요. 삼손은 이것을 늦게 깨달았지만, 우리 어린이들은 말씀을 통해 먼저 배웠으니 다른 삶을 살 수 있겠죠? 오늘부터 평생 언제나 성경이 주는 교훈대로 살기로 약속하고 매 순간 실천하는 어린이들이 되기를 바라요.

함께 기도해요

주님, 감사합니다. 오늘 말씀을 통해 내가 가진 특별한 재능이 하나님께로부터 온 것임을 다시 한번 확인하였습니다. 내가 잘하는 모든 것을 주신 하나님께 감사하며, 언제나 겸손한 마음으로 내 재능을 하나님과 다른 친구들을 위해 사용할 수 있도록 도와주세요. 예수님의 이름으로 기도합니다. 아멘.

4단원

4 세례 요한과 낙타털 옷

배울 말씀 마태복음 3장 1~12절

새길 말씀 이 요한은 낙타털 옷을 입고 허리에 가죽 띠를 띠고 음식은 메뚜기와 석청이었더라 (마 3:4)

너무 당연한 걸 한번 물어 볼게요. 우리는 옷을 왜 입을까요? (어린이들의 대답을 듣는다.) 맞아요. 옷을 입지 않으면 창피하겠죠? 창피한 것 외에도 옷은 우리 몸을 추위와 더위에서 막아 주죠. 그리고 숲 체험하러 갔던 걸 기억해 보세요. 긴 팔, 긴 바지를 입었죠? 나뭇가지에 긁혀 팔에 상처가 나거나 넘어져서 다치지 않도록 몸을 보호하기 위해 긴 옷을 입은 거예요. 그런데 이와 더불어 옷에는 특별한 기능이 하나 더 있어요. 내가 어떤 사람인지, 옷을 통해 드러내기도 해요.

(조선 시대 왕의 옷 사진이나 그림을 보여 주며) 짠, 이 옷은 누구의 옷일까요? 맞아요. 임금님 옷이에요. 그러면 이 옷은요? (조선 시대 신하의 옷 그림이나 사진을 보여 주며) 비슷하

게 생겼는데 이것도 임금님 옷일까요? 아니에요. 이 옷은 임금님이 아니라 신하들이 입던 옷이에요. 비슷하게 생겼지만, 색이 다르죠? 임금님만 빨간색 옷을 입을 수 있었고, 그 밖의 다른 신하나 왕궁에서 일하는 사람들은 각자 자기 신분과 하는 일에 따라 정해진 옷을 입었어요. 그래서 처음 궁궐을 방문한 사람도 누가 임금님이고 신하인지 단번에 알 수 있었을 거예요. 옷 색깔과 모양을 보면 되니까요.

자, 여기 낙타 가죽이 있어요. 이걸로 옷을 한번 지어 볼게요. 짠, 낙타 가죽으로 만든 옷이 완성되었습니다. 이 옷을 입으면 어떨 것 같나요? 털이 복슬복슬하니 따뜻할 것 같고, 두터우니 뜨거운 햇볕도 우산처럼 잘 막아 줄 것 같죠? 그런데 사실이 낙타털 가죽으로 옷을 만들어 입는 경우는 거의 없다고 해요. 왜냐하면 낙타털이 너무 억세고 까칠까칠하기 때문이죠. 어떻게든 가죽을 두드리고 털을 깎아내 옷을 만들 수는 있지만, 바짝 깎아도 남은 털 때문에 몸 여기저기가 가려워서 옷으로는 입기 힘들대요. 생각해 보세요. 간질간질하고 따끔따끔한 옷이라니, 대체 이런 옷을 누가 입겠어요? 그런데 이 낙타 가죽으로 옷을 만들어 입은 사람이 있었어요. 따끔따끔 간질간질한 낙타털 옷을 입은 세례 요한이에요.

요한은 제사장인 사가랴와 예수님의 어머니 마리아의 친척, 엘리사벳 사이에서 태어났어요. 아버지의 뒤를 따라 제사장이 될 수 있었지만, 요한은 선지자로 살아가기로 결심했어요. 하나님 앞에 "저는 앞으로 하나님의 선지자로 살아가겠습니다."라고 서원한 뒤, 요단 강 가까운 광야로 나갔어요. 그곳에서 지나가는 사람들에게 이렇게 외쳤죠. "회개하십시오. 천국의 때가 가까이 왔습니다."

이렇게 사람들에게 외칠 때, 요한은 낙타털로 만든 옷을 입고 있었어요. 사람들은 요한의 낙타털 옷을 볼 때마다 그 유명한 선지자, 엘리야를 떠올렸어요. 예로부터 엘리야를 비롯한 하나님의 말씀을 전하는 예언자들이 이 낙타털 옷을 입었거든요. 그렇기 때문에 이 옷을 입은 사람은 이 옷을 통해 '나는 하나님의 부름을 받은 선지자입니다'라고 말하는 것과 다름없었어요. 요한은 '나는 선지자입니다'라고 말하는 것과 다름없는 낙타털 옷을 입고는 정말로 보통 사람들과 다른 삶을 살았어요. 누가 봐도 경건하고 검소한 삶. 맛있는 음식이 아닌 메뚜기나 야생 꿀로 배고픔을 겨우 면하는 삶. 부드러운 옷이 아닌 따끔따끔한 낙타털 옷을 입는, 보통 사람과 다른 삶이었죠.

선지자로 살아가기 위해 남들과는 다른 옷을 입었던 세례 요한처럼, 우리도 보통 사람들과 다른 옷을 입고 살아가야 해요. 왜냐면 우리는 하나님의 자녀라는 특별한 이름을 갖게 되었기 때문이죠. 하나님은 하나님의 자녀가 된 우리가 다른 사람들과는 다르게 살아가기를 바라세요. 그럼 어떻게 해야 할까요? 우리도 낙타털 옷을 지어 입고 밖에서 자야 할까요?

아니에요. 오늘날 우리가 입을 옷은 천이나 가죽으로 지은 옷이 아니에요. 요한계시록의 말씀에 보니까, 하나님 말씀대로 성도들이 입을 옷은 깨끗한 세마포 옷인데, 그 세마포 옷은 성도들의 옳은 행실로 만드는 것이라고 적혀 있어요. 눈에 보이고 만져져서 입을 수 있는 옷이 아니라, 보통 사람들이 용기 내지 못할 때 먼저 나서서 옳은 행동을 보여 주는 그런 모습이에요.

복음이 우리나라에 처음 전파되기 시작할 때, 예수님을 믿는 사람들은 선한 행실로 다른 사람과 구별되는 삶을 살았대요. 흥청망청 돈을 쓰면서 낮에도 술에 취해 돌아다니던 사람이 교회를 다닌 후에는 자신의 생활을 반성하고 회개하여 완전히 다른 사람이 되었대요. 옷맵시를 단정하게 하고, 성경책을 들고 예배드리러 가는 모

습을 다른 사람이 보면서 "저 친구 정말 완전히 변했구먼." 하고 감탄했다는 거예요. 그뿐만이 아니에요. 일본 사람들에게 나라를 빼앗겼을 당시, 누구보다 먼저 용기를 내어 독립을 위해 행동하고 희생했던 사람들이 있었어요. 오늘 내가 편안하게 사는 것보다 하나님이 주신 지혜와 용기로 옳은 일을 했던 사람들이었어요.

오늘 우리도 이런 것을 꿈꿀 수 있어요. 매주 설교를 통해 하나님은 우리에게 어떤 것이 옳은 행동인지 알려 주세요. 또 찬양과 기도 속에서도 용기 있는 행동이 무엇인지 깨닫게 해 주세요. 이런 경험을 통해서 옳은 행실을 하나씩 하나씩 더해 가세요. 그러면 여러분 주위에 있는 사람들은 여러분의 옳은 행실을 보고, 여러분이 어떤 사람인지 알게 될 거예요. 바로 하나님의 사랑받는 자녀인 것을요.

함께 기도해요

예수님, 감사합니다. 오늘 우리에게 주신 말씀을 통해 예수님의 이름으로 구별된 삶을 사는 것에 대해 배웠어요. 친구들에게 친절하고, 어른들에게 겸손할 뿐 아니라, 옳은 일을 할 용기를 주셔서 착한 행실로 우리만의 거룩한 옷을 입을 수 있게 도와주세요. 예수님의 이름으로 기도합니다. 아멘.

5 단원

나의 동물 짝꿍

주제 하나님은 동물을 통해서도 당신의 뜻을 펼치신다.

5단원은 구약의 위대한 선지자들과 짝이 되는 동물들의 이야기입니다. 선지자들이 맡겨진 사역을 시작하거나 신앙을 드러낼 때 동물들이 어떤 역할을 했는지 살펴보면서, 하나님께서 당신의 정의와 사랑을 베풀기 위해 동물들을 어떻게 사용하셨는지를 배웁니다.

1과의 동물은 비둘기입니다. 성경에서 비둘기는 평화의 상징이나 메시지를 전달하는 역할로 등장합니다. 노아는 홍수 후 방주 바깥의 상황을 알아보려고 비둘기를 내보냈습니다. 처음 날려 보냈을 때는 앉을 곳을 찾지 못했던 비둘기가 두 번째에는 감람나무 새순을 물고 돌아왔습니다. 그리고 7일 후 다시 내보냈을 때는 돌아오지 않았습니다. 이것으로 노아는 대홍수가 마침내 끝났음을 알게 되었습니다. 비둘기는 대홍수의 마침을 알리는 징표로 사용되었습니다.

2과의 동물은 까마귀입니다. 엘리야는 기원전 9세기경 북이스라엘에서 활동한 선지자입니다. 그의 예언대로 3년 6개월 동안 나라에 극심한 가뭄이 있었는데, 그때 하나님께서 엘리야를 그릿 골짜기에 숨기시고, 까마귀를 보내 아침저녁으로 떡과 고기를 공급해 주셨습니다. 하나님은 까마귀를 엘리야의 생명을 살리는 도구로 사용하셨습니다.

3과에 나오는 요나는 기원전 8세기 여로보암 2세 때 북이스라엘에서 활동한 예언자입니다. 하나님께서 앗시리아의 수도 니느웨로 요나를 보내 말씀을 전하게 하셨는데, 그는 이를 거역하고 욥바 항구에서 다시스로 가는 배를 타고 달아났습니다. 배는 큰 풍랑을 만났고 요나는 바다에 던져졌지만, 다행히 큰 물고기에게 먹히는 바람에 목숨을 건졌습니다. 큰 물고기는 3일 후 요나를 해변에 뱉어냈습니다. 물고기는 요나를 살릴 뿐만 아니라, 당신의 명령을 거역한 그를 회개와 순종으로 이끌어 주시는 하나님의 도구였습니다.

4과에 등장하는 다니엘은 바벨론으로 끌려간 유대의 포로였음에도 다리오 왕의 신임을 얻어 나라의 총리가 되었습니다. 이러한 다니엘을 시기 질투한 다른 두 총리와 지방 관리들은 그를 없앨 비열한 음모를 꾸몄습니다. 그러나 다니엘은 굴복하지 않고 신앙을 지켜 늘 해오던 대로 하루에 세 번씩 하나님께 기도했습니다. 이 일로 결국 다니엘은 사자 굴에 던져졌습니다. 하지만 하나님은 그를 털끝도 상하지 않게 지켜 주셨습니다.

열왕기상 17장 4절

작곡:이화익
편곡:이화익

5단원

1 소망을 물어 올 때까지

배울 말씀 창세기 8장 1~19절

새길 말씀 저녁때에 비둘기가 그에게로 돌아왔는데 그 입에 감람나무 새 잎사귀가 있는지라 이에 노아가 땅에 물이 줄어든 줄을 알았으며 (창 8:11)

철썩철썩! 아무리 주변을 둘러봐도 온 세상이 아직도 온통 물로 가득했어요. 하나님께서 노아에게 말씀하신 대로 그동안 무려 40일 동안 밤낮으로 엄청난 비가 내렸어요. 높은 산들이 안 보일 정도로 세상이 금세 물에 잠겨 버렸어요. 노아와 노아의 가족들 그리고 수많은 동물이 홍수를 피해서 커다란 배에 올라탄 지도 이제 몇 개월이 지났어요. 그런데 아직도 작은 창문 밖으로 보이는 것은 넘실거리는 물뿐이었어요. “휴~ 얼마나 더 기다려야 할까요?” 기다림에 지친 가족들이 노아에게 물었어요. 하나님께서 언제 배에 타야 할지는 알려주셨지만 언제 배에서 내려야 할지는 말씀하지 않으셨어요.

그때 누군가 크게 소리쳤어요! "산봉우리다! 산봉우리! 저기 물 위에 조그맣게 보이는 게 산꼭대기라고!" 정말로 노아가 탄 방주는 아라랏 산이라는 곳에 도착했어요. 그 많던 물이 조금씩 빠지자 드디어 산의 제일 윗부분이 드러나기 시작한 거예요.

"어디 보자! 누구를 보내면 좋을까?" 골똘히 생각에 잠긴 노아가 새들이 모여 있는 곳을 보며 말했어요. 색색의 깃털을 가진 앵무새, 커다란 날개를 가진 독수리, 빠르고 날쌘 제비, 꼬리가 아름다운 공작새 등등, 그곳에는 수많은 새가 저마다 다른 모습으로 앉아 있었어요. 노아는 물이 줄어들면 배에서 내릴 수 있는 안전한 육지를 찾기 위해 새를 날려 보낼 생각이었어요. 곰곰이 생각하던 노아는 많은 새 중에서 두 마리를 선택했어요. 까마귀와 비둘기였어요. 까마귀와 비둘기는 모두 바다에서 육지를 잘 찾아내는 새들이었어요.

노아는 40일 동안 물이 더 빠지기를 기다렸다가 기대하는 마음으로 새를 날려 보냈어요. 첫 번째로 방주를 떠나 하늘로 날아간 새는 바로 까마귀였어요. 까마귀는 비둘기보다 힘도 세고 머리도 훨씬 좋아서 아주 멀리까지 날아가 육지를 찾을 수 있는 새였어요. 그래서 노아는 제일 먼저 까마귀를 보냈어요. "반드시 육지를 찾고 꼭 돌아오렴!" 모두가 설레는 마음으로 까마귀가 돌아오기만을 기다렸어요. 하지만 한참 동안 기다려도 까마귀는 돌아오지 않았어요. 도대체 까마귀는 어디로 간 걸까요? 마른 땅을 발견하지 못한 까마귀는 방주로 돌아오지 않고 이곳저곳으로 먹이를 구하러 날아다니기만 했어요.

이제 남은 희망은 비둘기밖에 없었어요. 노아는 비둘기를 창밖으로 날려 보냈어요. 하지만 한참을 날아다니던 비둘기는 앉을 곳을 찾지 못하고 이내 방주로 되돌아왔어요. 노아는 창문 밖으로 손을 뻗어 조심스럽게 비둘기를 감싸며 말했어요. "수고했다! 아직 근처에서 육지를 발견하지 못했구나." 사실 비둘기는 먼 곳까지 날아갈 힘이 없었어요. 가까운 곳에서 마른 땅을 찾지 못했으니 먹이를 구하지 못해 금방 노아에게로 돌아올 수밖에 없었어요.

노아는 7일 동안 물이 더 빠지기를 기다렸어요. 그리고 다시 비둘기를 창밖으로 날렸어요. '이번에는 비둘기가 좋은 소식을 가지고 돌아올 수 있을까?' 노아와 가족들은 기도하는 마음으로 비둘기가 돌아오기를 기다렸어요. 벌써 날이 어둑어둑 어두워졌는데 아직도 비둘기의 모습은 보이지 않네요. '비둘기에게 무슨 일이 생겼나?' 모두가 걱정스러운 마음으로 작은 창문 밖을 하염없이 쳐다보던 그때였어요. 푸드덕! 푸드덕! 저녁 하늘을 가로지르며 비둘기가 돌아왔어요. 그런데 입에 무언가 물고 있네요. 자세히 보니 감람나무 잎사귀였어요. 그것도 시들거나 썩은 것이 아니라 새로 난 잎사귀였어요. 마른 땅을 발견한 비둘기는 그토록 기다리던 기쁜 소망을 전해 주었어요.

7일이 지나고 노아는 다시 한번 비둘기를 날려 보냈어요. 그리고 비둘기는 더 이

상 돌아오지 않았어요. 물이 사라진 땅 위에서 살 곳을 찾았기 때문이에요. 노아가 기쁜 마음으로 방주에서 내려 보니 땅이 모두 말라 있었어요. 하나님께서는 그곳에서 노아와 가족들 그리고 모든 동물이 잘 살아갈 수 있도록 은총을 베푸셨어요.

하나님은 비둘기처럼 작고 연약한 동물이나 사건을 통해서 큰 기쁨과 소망을 주시기도 해요. 방주 안에만 있던 노아는 언제 홍수의 시간이 끝날지 알 수 없었지만, 비둘기를 통해서 하나님이 정하신 때를, 대홍수의 끝을 알 수 있었어요. 우리에게도 힘들지만 견뎌야 하는 순간이 찾아올 때가 있어요. 그때도 하나님은 우리에게 기쁨을 주시고 소망을 보여 주시는 분이세요. 그렇기에 우리도 노아와 그 가족들처럼 하나님께서 어려운 상황에서 건져 주실 때까지 우리에게 주어진 힘든 시간을 견디고 기다릴 수 있어요. 오랜 기다림이 필요한 순간에도 불평, 불만보다는 소망의 비둘기를 날릴 수 있는 여러분이 되기를 바랍니다.

함께 기도해요

우리를 언제나 지켜 주시고 구원의 방주로 초대하시는 하나님, 감사합니다. 때로는 어려운 일을 만나 힘들지라도 하나님이 보여 주시는 소망을 절대 잃지 않게 해 주세요. 아주 작은 기대나 소망일지라도 하찮게 생각하지 않고, 우리를 인도하시는 하나님만 믿고 끝까지 포기하지 않고 기다리는 어린이가 되게 해 주세요. 예수님의 이름으로 기도합니다. 아멘.

5단원

2 도움이 **필요해**

배울 말씀 열왕기상 17장 1~7절

새길 말씀 그 시냇물을 마시라 내가 까마귀들에게 명령하여 거기서 너를 먹이게 하리라 (왕상 17:4)

휘잉~ 뜨거운 바람이 불어왔어요. 이곳은 거친 바위와 메마른 나뭇가지가 가득한 곳, 까악까악~ 하늘에 울려 퍼지는 까마귀 울음소리가 분위기를 더욱 으스스하게 만들었어요. 그 한가운데 조그마한 시냇물 옆, 바위 그늘 밑에 한 사람이 몸을 웅크린 채 숨어 있어요. 누구일까요? 바로 하나님의 말씀을 전하는 선지자 엘리야였어요. 엘리야 선지자는 왜 힘들게 이런 곳에 숨어 있는 걸까요?

엘리야는 아합 왕의 눈을 피해 이곳으로 도망쳐 꼭꼭 숨어 있는 중이에요. 아합 왕은 북쪽 이스라엘을 다스린 수많은 왕 중 가장 악한 왕이었어요. 아합 왕이 다스리는 북이스라엘은 그 어느 때보다 풍요롭고 강력한 나라가 되었지만, 하나님을 거역하고 우상을 섬기는 나라가 되었어요. 특히 가나안 땅에 살던 사람들이 섬긴 바알과 아세라를 섬겼어요. 그 우상 신들이 하늘에서 비를 내려 줘야 풍성한 곡식을 얻을 수 있다고 믿었기 때문이에요.

그 모습을 더 이상 참고 볼 수 없었던 하나님은 아합 왕에게 엘리야를 보내셨어요. 그리고 무시무시한 말을 전하게 하셨어요. "내가 섬기는 이스라엘의 하나님께서 살아 계신 것을 두고 맹세합니다. 내가 다시 말하기 전까지 앞으로 몇 년 동안 하늘에서 비는커녕 이슬 한 방울도 내리지 않을 것입니다." 오랫동안 비가 오지 않는 것은 농사를 짓는 이스라엘 백성에게는 너무나 큰 재앙이었기에 엘리야의 말은 저주와도 같았어요. 그 말을 들은 아합 왕의 기분이 어땠을까요? 당장이라도 엘리야를 잡아 감옥에 가두고 싶었을 거예요. 하나님은 이런 상황을 미리 아시고 엘리야를 숨게 하셨어요. "엘리야야, 너는 이곳을 떠나 그릿 시냇가에 숨어 지내라! 내가 까마귀를 시켜서 먹을 것을 전해 주겠다."

그릿 시냇가는 비가 올 때만 잠시 물이 흐르는 척박한 곳이었어요. 그리고 엘리야의 말대로 하나님께서는 이스라엘 땅에 3년 반 동안 비를 한 방울도 내려 주시지 않았어요. 주변에 먹을 것이 하나도 없는 상황, 언제 말라버릴지 모르는 작은 시냇가에서 엘리야는 하나님의 도움밖에 기댈 곳이 없었어요. 그런 상황에서 하나님은 엘리야를 돕는 중요한 임무를 까마귀에게 맡기셨어요. 아까 하늘에서 기분 나쁘게 울어대던 까마귀가 정말로 매일 밤낮으로 떡과 고기를 물어다가 엘리야에게 주었어요. 엘리야는 까마귀 덕분에 배를 채우며 오랫동안 그곳에 숨어 있었어요.

그런데 하필 새까만 까마귀라니! 동물의 썩은 시체나 쪼아 먹는 까마귀를 이스라엘

사람들은 부정한 동물로 여겼어요. 모세가 하나님께 받은 율법도 까마귀를 부정한 동물로 규정했기에 사람들은 까마귀를 가까이하는 것조차 싫어했어요. '그런 까마귀가 내 생명의 은인이라니….' 부정한 까마귀가 입으로 물어다 주는 음식을 매일 먹어야 하는 엘리야의 마음은 어땠을까요? 정말 많이 힘들었겠죠.

이렇게 하나님께서는 선지자 엘리야처럼 중요한 사람을 도와주실 때 때로는 까마귀처럼 사람들이 싫어하고 관심조차 주지 않는 작은 동물들을 사용하시기도 해요. 또한 전혀 예상하지 못한 사람들, 상대하기 불편한 사람들의 손길을 통해 큰 도움을 얻게 하실 수도 있어요. 그렇다면 그 사람이 이전과는 다르게 느껴지겠죠? 여전히 사람들은 까마귀를 피하고 좋아하지 않겠지만, 엘리야에게는 가장 어려운 순간에 목숨을 건져 준 까마귀가 가장 고마운 존재로 그 마음속에 남아 있을 거예요.

비록 부정하고 못된 짐승일지라도 하나님의 사랑과 은혜를 전하는 도구가 될 수 있어요. 아무리 우상을 섬기고 하나님을 배신한 이스라엘 백성일지라도 하나님은 그들이 회개하고 다시 하나님 품으로 돌아오기를 기다리세요. 사랑의 하나님은 이 세상 그 어느 것도 하찮게 여기시는 적이 없답니다. 우리 모두를 소중히 여기고 도와주시는 분이에요.

우리도 때로는 맘에 들지 않는 친구나 다투어서 마주하기 불편한 친구가 생길 수 있어요. 하지만 그 누구라도 함부로 미워하거나 멀리해서는 안 돼요. 하나님께 그 친구들은 나와 같이 소중한 존재이기 때문이에요. 그리고 하나님께서는 그 친구들을 통해 또 다른 누군가에게 사랑과 은혜를 전하실 수도 있어요. 물론 여러분도 마찬가지고요. 우리 모두 누군가에게 도움이 되는 사람, 하나님의 사랑을 전하는 사람이 되길 바랍니다.

함께 기도해요

우리를 사랑하시고 도우시는 하나님, 감사해요. 하나님께서는 우리가 어려운 일을 당할 때 외면하지 않고 가장 좋은 방법으로 우리를 도우시는 분임을 배웠어요. 우리 주변에 나를 돕는 수많은 손길이 있음을 늘 깨닫게 해 주세요. 그래서 늘 감사하는 마음으로 살게 해 주세요. 그리고 우리도 누군가를 돕는 소중한 존재가 되게 해 주세요. 예수님의 이름으로 기도합니다. 아멘.

5단원

3 바다 깊숙한 곳에서

배울 말씀 요나 1장 1~17절

새길 말씀 여호와께서 이미 큰 물고기를 예비하사 요나를 삼키게 하셨으므로 요나가 밤낮 삼 일을 물고기 뱃속에 있으니라 (욘 1:17)

풍덩! 풍덩! 사람들이 타고 있던 배 밖으로 무거운 짐들을 마구 던지고 있어요. 값비싼 물건들로 가득한 짐들을요. 도대체 왜 이 소중한 것들을 바다에 버리는 걸까요? 그 이유는 바로 엄청나게 큰 풍랑을 만났기 때문이에요. 배를 곧 삼킬 것 같은 큰 파도가 쉴 새 없이 덮쳐오는 상황에서 목숨만이라도 구하려면 빨리 무거운 짐들을 버리고 배를 가볍게 만들어야 해요. 사람들은 저마다 자신이 믿는 신에게 살려 달라고 간절히 기도하며 짐들을 던졌어요. 그런데 이 소리는 뭐죠? 드르렁 쿨쿨~ 드르렁 쿨쿨~ 이런 급박한 상황에서도 느긋하게 잠만 자는 사람이 있네요. 바로 선지자 요나예요.

요나는 얼마 전 하나님의 명령을 받았어요. "요나야! 너는 니느웨로 가서 이렇게 외쳐라! 너희의 죄악이 하나님 보시기에 너무나 가득 찼다!" 그 말씀을 들은 요나는 마음이 불편했어요. 하나님께서 니느웨에 가서 그렇게 말하라고 하신 이유가 있어요. 죄를 지으면 하나님께 벌을 받죠? 니느웨 사람들은 큰 죄를 지었는데, 하나님께서는 니느웨 사람들이 회개하고 용서받길 바라셨기 때문이에요. 하지만 요나는 니느웨 사람들이 자기들의 죄를 회개하고 하나님께 용서받기를 바라지 않았어요. 왜냐하면 니느웨는 이스라엘의 원수와도 같은 나라 앗수르의 수도였거든요. 그러니 용서받지 못하고 그냥 벌을 받고 사라지는 것이 더 좋을 것 같았어요. 그래서 요나는 하나님의 얼굴을 피해 니느웨와 정반대에 있는 다시스로 가는 배에 올라탔어요. 그렇게 하나님 말씀에 불순종하고도 맘 편하게 배 밑바닥에서 쿨쿨 자고 있었던 거예요.

쾅쾅쾅! 문이 부서지도록 두드리는 소리에 요나는 깜짝 놀라 잠에서 깼어요. 이 배의 선장이 문을 세게 두드리고 있었어요. "아니, 밖에는 난리가 났는데 당신은 잠이 옵니까? 어서 당신의 하나님께 살려 달라고 기도를 하시오!" 심각한 상황임을 깨달은 요나는 곧장 배 위로 올라갔어요. 배가 큰 파도에 휩쓸려 침몰할 위기에 처했고, 사람들은 도대체 누구의 잘못으로 이런 재앙을 겪게 되었는지 알기 위해 제비뽑기를 시작했어요. 결과는 어떻게 되었을까요? 요나가 뽑혔어요.

그 순간 요나의 얼굴이 어두워졌어요. 이 모든 일이 자기 때문인 것을 알았기 때문이에요. 요나가 말했어요. "여러분! 나는 하나님을 믿는 히브리 사람입니다. 이 모든 일은 하나님께 불순종한 나 때문에 생긴 일입니다. 나를 바다에 던지면 이 풍

랑이 잠잠해질 것입니다." 그 말을 들은 사람들은 망설였지만, 더는 방법이 없기에 결국 요나를 바다에 던졌어요.

풍덩! 꼬르륵~ 요나가 바다에 빠지자마자 갑자기 커다란 물고기가 다가와 요나를 한입에 꿀꺽 삼켰어요. 그러고는 바다 깊은 곳으로 헤엄쳐 들어갔어요. 요나는 하나님의 얼굴을 피하고 최대한 멀어지려고 애쓰다가 결국 이 깊은 바닷속까지 오게 되었어요. 하지만 그곳에서도 하나님의 손길은 여전히 요나를 감싸 안고 계셨어요. 물고기 배 속에 무려 3일이나 꼼짝없이 갇혀 있었지만, 아무 데도 다치거나 상한 곳 없이 무사했어요. 요나는 애써 하나님과 멀어지려 했고, 하나님이 계시지 않을 것 같은 큰 물고기의 배 속에 있게 되었지만, 여전히 하나님은 그곳에도 계셨던 거예요.

바다에 빠져 큰 물고기에 잡아먹힌 것이 사람들 눈에는 최악의 사건으로 보일 수도 있지만, 요나에게는 오히려 가장 복된 일이었어요. 왜냐하면 그 큰일을 겪고 나서야 비로소 요나는 하나님을 찾으며 애원하기 시작했기 때문이에요. 사실 그전까지 요나는 고집불통이었어요. 풍랑을 만난 사람들이 각자 자기가 믿는 신을 찾으며 살려 달라고 애원하며 기도할 때도, 다급한 선장이 요나에게 기도하라고 요청할 때도 요나는 기도하지 않았어요.

하나님께서 세우신 선지자였지만, 하나님께 기도하지 않고 하나님을 피하여 멀리 도망쳤던 요나! 그런 요나가 바다 깊숙이 물고기 배 속에 갇히자 진심으로 하나님을 찾고 회개하며 기도하기 시작했어요. 쿨쿨 잠만 자던 요나의 믿음이 물고기 배 속에서 드디어 깨어난 거예요. 마침내 큰 물고기는 요나를 안전하게 육지에 토해냈고, 요나는 하나님의 말씀을 니느웨

사람들에게 전하였어요. 결국 수많은 니느웨 사람은 요나의 말을 듣고 여호와 하나님을 알고, 회개하여 하나님께 벌을 받지 않았어요. 이렇게 하나님은 요나도, 니느웨 사람들도 끝까지 포기하지 않으셨어요.

하나님은 큰 물고기를 보내 요나를 구원하셨고, 또한 고집불통 요나를 보내 니느웨를 구원하셨어요. 때로는 우리도 요나처럼 하나님 말씀에 순종하지 않을 때가 있어요. 하나님보다 세상을 더 좋아해서 하나님과 멀어지려고 할 때도 있어요. 하지만 하나님은 그런 우리를 절대 포기하지 않고 늘 사랑하시는 분이에요. 그래서 큰 물고기를 사용해서라도 우리를 다시 붙잡고 끌어안으시는 분이에요.

요나가 큰 물고기에게 삼켜진 것이 불행이 아니라 은혜인 것처럼, 우리에게 생긴 불편한 상황이 오히려 우리를 가장 좋은 곳으로 이끄시는 하나님의 계획일 수도 있답니다. 바다 깊숙한 곳에도 계신 하나님의 손길이 언제나 여러분을 지키고 이끌어 주시길 소망합니다.

함께 기도해요

하나님, 우리 마음은 연약해서 하나님의 뜻과 반대로 갈 때가 너무나 많아요. 내가 하고 싶은 일, 내가 원하는 일만 하려고 할 때도 하나님은 우리를 끝까지 포기하지 않으시고 옳은 길로 인도해 주셔서 감사해요. 하나님이 말씀하실 때 그 말씀에 곧바로 "예!"라고 대답하고 순종하는 어린이가 되게 해 주세요. 예수님의 이름으로 기도합니다. 아멘.

5단원

4 사자보다 강한 것은?

배울 말씀 다니엘 6장 10~23절

새길 말씀 이에 왕이 명령하매 다니엘을 끌어다가 사자 굴에 던져 넣는지라 왕이 다니엘에게 이르되 네가 항상 섬기는 너의 하나님이 너를 구원하시리라 하니라 (단 6:16)

꼬르륵~ 꾸르륵~ "(사자1) 아이 배고파! 이게 도대체 며칠째야? 대장! 며칠 동안 아무것도 못 먹어서 뱃가죽이 등에 붙으려고 하는데 뭐라도 해야 하는 거 아니에요?" 깜깜한 굴속을 어슬렁거리던 사자들이 아우성쳤어요. "(사자2) 맞아요! 이러다 우리 모두 굶어 죽는 건 아니겠죠?" 불평과 원망이 여기저기서 계속 터져 나왔어요. 그때 한쪽 구석에서 조용히 듣고 있던 대장이 드디어 입을 열었어요. "(대장) 아무래도 안 되겠다. 생쥐들을 모두 집합시켜라!" 대장의 한마디에 모든 사자가 울부짖기 시작했어요. 어흥! 어흐응~

사자들의 울음소리가 왕이 사는 궁전 곳곳에까지 울려 퍼졌어요. 여기저기 흩어져

있던 생쥐 수십 마리가 사자 굴로 모여들었어요. "찍찍찍! 대장님, 부르셨습니까?" 나이가 제일 많아 보이는 생쥐가 대답했어요. 대장은 늙은 생쥐에게 소리쳤어요. "도대체 요즘엔 왜 사자 밥이 안 들어오는 거지? 아는 대로 말해 봐!" 늙은 생쥐는 벌벌 떨면서 대답했어요. "아 네, 대장님. 요즘엔 큰 죄를 짓는 사람이 없어서 그런지 사자 밥으로 던져 줄 죄수가 없는 것 같습니다." 대답을 들은 대장은 더욱 크게 소리쳤어요. "그럼 우리 모두 굶어 죽으란 말이냐? 무슨 방법이 없는지 말해 보란 말이다!"

그때 젊은 생쥐 한 마리가 뛰어나왔어요. "대장님! 좋은 소식이 있습니다. 제가 며칠 전에 곡식을 훔쳐 먹다가 사람들이 하는 얘기를 엿들었는데요. 앞으로 30일 동안 왕 이외의 그 어떤 신이나 사람에게도 기도하거나 간구하지 못한다는 명령이 내려졌다고 합니다. 그 명령을 어긴 사람은, 사자 밥이 된다고 합니다." 그러자 여기저기서 사자들의 환호성이 들렸어요. "야호! 살았다. 이제야 밥 먹을 수 있겠네!" 그때 대장이 의심쩍은 표정으로 젊은 쥐에게 물었어요. "그게 뭐가 좋은 소식이냐? 누가 감히 왕의 명령을 어긴단 말이냐?"

그러자 젊은 쥐가 미소를 지으며 말했어요. "딱 한 사람 있죠. 바로 다니엘이라는 사람입니다. 다니엘은 유다 땅 사람인데, 하루에 세 번씩 어김없이 하나님께 기도한다고 합니다. 사실 똑똑한 다니엘을 왕이 하도 좋아하니까 다른 총리들이 질

투해서 그런 명령을 받아냈다고 합니다. 다니엘은 기도를 절대로 멈추지 않을 테니까요." 그 말을 들은 대장의 얼굴이 조금씩 밝아졌어요. "그래? 그런데 만약에 왕이 다니엘을 좋아해서 그냥 용서하면 어떡하지?" 그 말에 왕궁 생활을 오래 한 늙은 생쥐가 대답했어요. "그건 걱정 안 하셔도 됩니다. 왕이 도장까지 찍은 명령은 왕도 함부로 못 바꾼답니다." 드디어 대장의 얼굴에 흐뭇한 미소가 번졌어요.

드르륵! 바로 그 순간 돌문이 열리는 소리가 들렸어요! 생쥐들은 잽싸게 여기저기 쥐구멍 안으로 숨었어요. 그리고 곧이어 한 사람이 굴속으로 내동댕이쳐졌어요. 바로 다니엘이었어요. 돌문 밖에서는 왕의 목소리가 애처롭게 들렸어요. "다니엘! 네가 항상 섬기는 하나님께서 너를 꼭 구원하실 것이다!" 쿵! 돌문이 닫혔어요. 이윽고 배고픈 사자들이 한 마리 두 마리 다니엘에게 다가갔어요. 하지만 다니엘은 평온한 얼굴로 기도할 뿐이었어요. 그때 대장이 갑자기 소리쳤어요. "잠깐! 무슨 소리가 들리는데?" 갑자기 사자 굴 속에 알 수 없는 바람이 불더니 하나님이 보내신 천사들이 나타나 사자들의 입을 막기 시작했어요. 모든 사자가 입을 꼭 다문 채 순한 양처럼 앉아만 있었어요. 결국 그날 밤 그 어떤 사자도 다니엘을 잡아먹기는커녕 털끝 하나도 건드리지 못했어요. 밤새 먹잇감을 눈앞에 두고도 잡아먹지 못한 대장은 깨달았어요. '아! 하나님께 기도하는 사람은 우리가 결코 이길 수 없구나!' 아침이 되고 돌문이 열리자 밤새 뜬눈으로 지새운 왕이 가장 먼저 달려와 살아 있는 다니엘을 확인하고는 당장 꺼내 주었어요. 그리고 모든 백성에게 다니엘을 구원하신 하나님을 찬양할 것을 새롭게 명령했어요. 그 후로 다니엘은 여러 왕과 함께 나라를 지혜롭게 다스렸답니다.

다니엘은 어린 나이에 바벨론 포로로 잡혀 왔지만, 하나님께서는 그에게 지혜를 주시고 왕의 마음에 쏙 들게 하셔서 나라를 책임지는 총리가 되게 하셨어요. 다니엘은

높은 자리에 올랐지만 겸손했고, 바벨론에서 교육받았지만 하나님만을 섬기며 살았어요. 모든 것이 하나님께서 주신 것임을 인정하고, 정해진 대로 하루에 세 번씩 매일 하나님께 기도했어요. 그는 사자 굴에 던져질 것을 알았지만 어떠한 상황에서도 하나님께 기도하고 하나님을 예배하는 일만큼은 쉬거나 멈추지 않았어요. 다니엘은 사자를 두려워하지 않았어요. 사자를 창조하신 하나님이 더 강하신 분임을 알았기 때문이에요.

여러분도 다니엘처럼 아무리 벗어나기 힘들고 어려운 상황이라도 하나님만 믿고 기도해 보세요. 사자보다 더 강하고 무서운 것들이 우리를 위협해도 걱정 마세요. 세상 그 무엇보다 강하신 하나님께서 기도하는 우리를 지켜 주시니까요.

함께 기도해요

하나님, 오직 하나님만 믿고 하나님을 최고로 사랑하는 것이 쉬운 일이 아니지만, 다니엘처럼 언제나 올바른 길을 선택하는 용기를 주세요. 힘들고 두려운 상황에서도 다른 방법을 찾기보다 먼저 하나님께 기도하는 마음을 주세요. 그래서 세상에서 가장 강하신 하나님이 내 편이심을 잊지 않고 살게 해 주세요. 예수님의 이름으로 기도합니다. 아멘.

6 단원

너의 이름은

주제 새 이름을 주시다.

6단원에서는 하나님께 새로운 이름을 받은 이들의 이야기를 들어 봅니다. 그들은 하나님을 신실하게 섬기는 사람들이었기에 자신의 활동과 역할에 적합한 새 이름을 받았습니다.

1과에 등장하는 아브라함의 본래 이름은 아브람입니다. 평생토록 하나님의 뜻을 따라 산 아브람은 99세에 하나님께 새 이름을 받았습니다. '존귀한 아버지'라는 뜻의 아브람에서, '열국(列國)의 아버지' 또는 '수많은 민족의 아버지'라는 뜻의 아브라함으로 이름이 바뀐 것입니다. 아브라함의 아내 사래 역시 '여주인'이라는 뜻의 사라라는 새 이름을 받았습니다(창 17:15).

2과의 주인공 야곱의 이름은 '발뒤꿈치를 잡다'라는 뜻입니다. 그는 형과 아버지를 속여 장자의 축복을 가로챈 후 외삼촌 라반이 있는 하란으로 도망갔습니다. 어느 날 고향으로 돌아가라는 하나님의 명령을 듣고 길을 가던 중 어떤 사람과 씨름을 하게 되었습니다. 그 사람은 야곱에게 '이스라엘'이라는 새 이름을 주었습니다. 이스라엘은 '하나님과 겨루어 이겼다'라는 뜻으로, 이는 그날 밤새도록 야곱과 씨름한 이가 하나님이심을 알려 줍니다. 하나님께서 홀로 밤을 보내던 야곱을 친히 찾아와 이스라엘이라는 새 이름을 주신 것은 아무것도 두려워하지 말고 하나님만 믿고 나아가라는 뜻이었습니다.

3과의 베드로는 예수님의 열두 제자 중 하나로, 본래 이름은 시몬입니다. 베드로라는 이름의 뜻은 '바위', '반석'입니다. 마태복음에 따르면 시몬은 예수님께서 "너희는 나를 누구라고 하느냐?"라고 물으셨을 때 "주님은 살아 계신 하나님의 아들이시며 그리스도, 곧 메시아이십니다."라고 대답했고, 이 일로 예수님께서 그에게 베드로라는 새 이름을 주셨습니다.

4과에서는 예수님의 다른 이름들을 알아봅니다. '예수'라는 이름의 본래 의미는 히브리어로 '하나님(야훼)이 구원하신다'입니다. 예수님의 또 다른 이름인 그리스도는 '기름 부음 받은 자'라는 뜻으로, 히브리어 '마쉬아흐(메시아)'를 헬라어로 음역한 것입니다. 그리스도라는 이름은 예수님이 구약에서 예언된 메시아임을 나타내는 칭호이자, 예수님의 신성(神性)을 강조하는 명칭입니다.

고린도후서 5장 17절

작곡:이화익
편곡:이화익

6단원

1 달라진 나의 새로운 이름

배울 말씀 창세기 12장 1~4절, 17장 1~9절

새길 말씀 이제 후로는 네 이름을 아브람이라 하지 아니하고 아브라함이라 하리니 이는 내가 너를 여러 민족의 아버지가 되게 함이니라 (창 17:5)

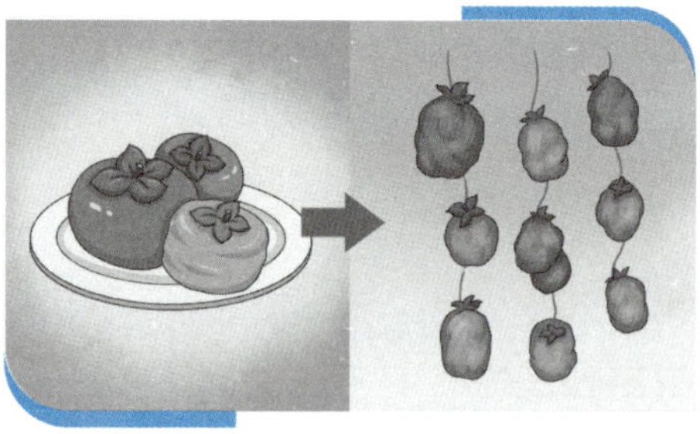

여러분, 혹시 감을 좋아하나요? 동그랗고 딱딱한 주황색 열매, 탐스럽게 윤기 나는 감은 가을의 대표 과일이죠. 그리고 감 껍질을 예쁘게 깎아 줄에 매달고 여러 날을 서늘한 가을바람에 말리면 여러분이 잘 아는 곶감이 된답니다. 감이 곶감으로 하루 만에 뿅! 하고 바뀌는 것은 아니에요. 오랜 시간과 정성이 필요해요. 감을 줄에 매다는 주인은 처음부터 곶감을 만들 생각이지만, 곶감 만드는 법을 모르는 사람이 보면 어리둥절하겠죠? "뭐야, 감을 왜 저렇게 오랫동안 줄에 매달아 놓는 거야?" 하면서 말이에요.

주인이 오랫동안 지켜본 뒤, 감을 곶감이라고 부를 수 있게 되면 그제야 감은 줄에

서 내려올 수 있어요. 시간이 지나고 때가 차야 비로소 "곶감이다!"라고 부를 수 있게 되는 것이죠. 감은 여전히 감이지만, 결코 이전과 같지 않아요. 완전히 달라졌으니 새 이름이 필요하고요. 마치 아브람이 아브라함으로 새롭게 불리게 된 것처럼 말이에요.

하란에 아브람이라는 사람이 살고 있었어요. 자식은 없었지만, 아버지와 친척들과 같은 마을에서 지내며 함께 나이를 먹어갔죠. 그의 나이도 어느덧 75세나 되었고, 아내 사래도 할머니가 되었어요. 그러던 어느 날, 아브람이 하나님의 음성을 들었어요. "너는 고향과 친척과 아버지의 집을 떠나서 내가 너에게 보여 줄 땅, 가나안으로 가라. 내가 너로 큰 민족을 이루고 너에게 복을 주겠다. 너는 복이 될 것이다. 온 땅이 너를 통해 복을 받게 될 것이란다."

아브람은 깜짝 놀랐어요. 나와 항상 함께한 아버지와 친척들을 버리고 여태껏 한 번도 가 본 적 없는 낯선 땅으로 가야 한다니, 절대 쉽지 않은 결정이었죠. 새로운 곳에 가서 살기엔 이미 나이도 너무 많았고요. 더욱 당황스러운 것은 큰 민족을 이루게 해 주겠다는 하나님의 약속이었어요. 아브람에게는 자식이 한 명도 없었으니까요! 아브람은 마음이 복잡해졌을 거예요. 이런저런 생각이 떠올랐을 거예요. 하지만 끝내 그는 하나님 말씀을 믿고 따르기로 결심했어요. 하나님은 믿고 따르기에 부족함이 없는 분이니까요.

아브람은 아내와 조카를 데리고 가나안 땅으로 떠났어요. 그런데 거기서 살며 99세가 될 때까지도 여전히 사래에게서 얻은 자식이 없었어요. 큰 민족을 이룰 것이라는 하나님 말씀이 이루어질 기미는 안 보이고, 아내는 이제 고향을 떠날 때보다도 훨씬 나이 든 할머니가 되었죠. 앞으로 더더욱 아무 일도 일어날 것 같지 않았어요.

아브람이 99세가 되었을 때 하나님은 다시 말씀하셨어요. "나와 약속을 하자. 내 약속이 너와 함께 있으니 너는 여러 민족의 아버지가 될 것이다." 아브람은 하나님 앞에 엎드렸어요. 그리고 다시금 하나님이 하실 일을 믿기로 했어요. 그 순간 하나님께서는 그에게 새로운 이름을 주셨어요. "이제부터 너의 이름을 '아브라함'이라고 하여라. 내가 너를 여러 민족의 아버지가 되게 할 것이다." 그 뒤 약속대로 아브라함은 100세의 나이에 '이삭'이라는 아들을 얻었답니다. 너무나 긴 기다림 끝에 얻은 귀한 아들은 하나님의 약속이 이루어졌다는 증거였죠.

아브람은 하나님께 아브라함이라는 새 이름을 받았어요. 이 이름은 '많은 민족의 아버지'라는 뜻이었어요. 이전에는 '존귀한 아버지'로 불리던 그가 이제 '많은 민족의 아버지'가 될 준비를 마치고 하나님이 정하신 출발선에 서게 된 거예요. 많은 민족의 아버지가 되기까지 꽤 오랜 시간이 걸렸어요. 그러나 절대 헛되지 않은 기다림이었어요. 하나님은 아브람을 시작으로 민족을 일으킬 계획을 가지고 계셨어요. 그래요. 하나님은 아브람을 처음 부르셨을 때부터 이미 완벽한 계획을 세우셨어요. 그리고 때가 되자 그 계획에 딱 맞는 새 이름을 아브라함에게 주신 거예요.

본질이 달라지면 새 이름이 필요하죠. 내용물이 새로워지면 그에 걸맞은 새 이름으로 불려야 하고요. 그래서 아브람은 아브라함이 되었어요. 하나님의 구원 계획을 향해 위대한 한 발을 더 내딛는 순간이었어요. 그리고 이런 하나님의 계획은 아브라함에게만 있는 게 아니에요. 나를 향한 하나님의 계획도 다 준비되어 있답니다. 내가 그 계획에 걸맞은 사람이 되기를 하나님은 기다리고 계세요.

지금은 누군가가 나를 장난꾸러기, 사고뭉치라고 부를 수도 있어요. 하지만 우린 기대해요. 하나님이 불러 주실 새로운 내 이름을요. 사람들은 내가 어떤 사람인지 아직 잘 몰라요. 사람들은 하나님이 내게 어떤 계획을 갖고 계시는지도 알지 못해요. 하지만 하나님은 다 알고 계세요. 하나님은 나를 지켜보시다가 감이 곶감이 되는 순간처럼 가장 적절한 순간에 나를 불러 주실 거예요. 오랜 기다림이 필요할지도 모르지만, 마침내 때가 되면 나도 하나님의 계획대로 새로운 내가 될 거예요. 아브라함처럼 말이에요. 오늘 함께 예배하는 모두가 이 소망을 가지고 하나님의 계획에 걸맞은 사람들로 자라가기를 축복합니다.

함께 기도해요

나를 향한 놀라운 계획을 갖고 계신 하나님, 감사합니다. 말씀 안에서 하나님의 계획에 걸맞은 믿음의 사람이 되기를 원해요. 포기하지 않고 기다리시는 하나님의 사랑을 믿고 날마다 소망을 가지고 자라나게 해 주세요. 예수님의 이름으로 기도합니다. 아멘.

6단원

2 두려워하지 마, **이스라엘!**

배울 말씀 창세기 32장 24~30절

새길 말씀 그가 이르되 네 이름을 다시는 야곱이라 부를 것이 아니요 이스라엘
이라 부를 것이니 이는 네가 하나님과 및 사람들과 겨루어 이겼음이
니라 (창 32:28)

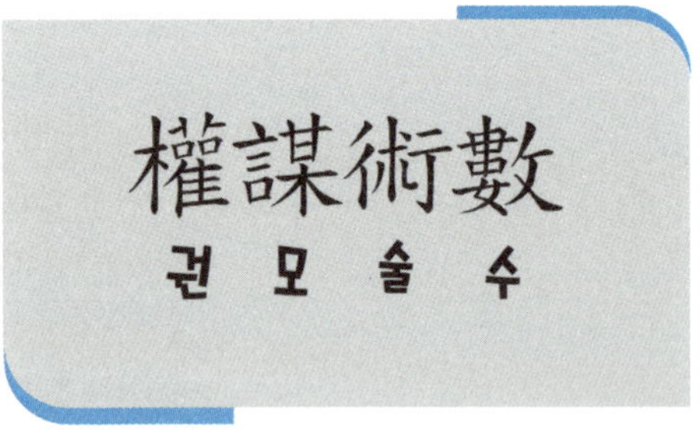

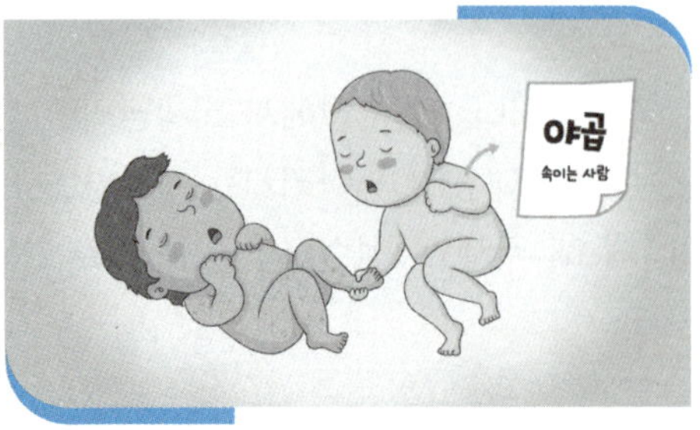

권모술수라는 사자성어가 있어요. 목적을 이루기 위해서는 수단과 방법을 가리지 않고 행동한다는 뜻이에요. 잔머리를 굴리고 반칙을 해서라도 목표를 이루려고 하는 사람이라니, 얄미운 거짓말쟁이죠. 그런데 이 단어가 잘 어울리는 성경의 인물이 있었어요. 태어날 때부터 그랬죠. 쌍둥이 형의 발뒤꿈치를 잡고 세상에 나왔거든요. 아이의 아버지는 아들의 이름을 '발뒤꿈치를 잡은 사람', '속이는 사람'이라는 뜻으로 야곱이라 지

었어요.

그래요. 이삭의 아들 야곱은 평생을 속이는 사람으로 반칙을 하며 살아왔어요. 형에게서 장남의 권리를 가로채고, 아버지를 속여서 형이 받아야 할 축복을 훔쳐 갔어요. 그렇게 화가 난 아버지와 형을 뒤로하고 허겁지겁 도망쳐 나와 외삼촌의 집에서 일을 도우며 살다가 이제 고향으로 돌아가라는 하나님의 음성을 듣고, 형이 있는 고향 집으로 돌아가는 길이었어요.

도망쳐 나온 뒤로 한 번도 만난 적이 없던 형을 다시 만날 생각을 하니, 야곱은 지난날 자신이 했던 일들이 떠올라 너무 무서웠어요. 그래서 야곱은 어떻게든 빠져나갈 방법을 만드느라 머릿속으로 바쁘게 계산하고 있었어요. '하나님의 명령이니 가기는 가야 하는데, 형의 얼굴을 어떻게 보지? 형이 이전에 내가 속인 일을 문제 삼아 나를 죽이면 어떡하나! 그래. 가축 떼를 두 떼로 나누어 한쪽이 공격당하면 다른 한쪽이라도 살려 보자. 내 모든 재산을 형에게 바치는 선물이라고 하자.'

고향으로 가는 길에 야곱은 가축 떼를 두 떼로 나누어 거리를 두고 걷게 했어요. 아내와 종들, 자녀들까지 무리를 나누어 먼저 떠나보냈어요. 그리고 자기는 얍복 강 근처에 남았어요. 길고 긴 선물 행렬과 가족들을 방패로 삼고 자기는 맨 뒤에 숨은 거예요. '비겁하고 비굴해 보여도 할 수 없어. 너무 걱정되고 무섭단 말이야.' 밤이 되어도 야곱은 잠들 수 없었어요. 온갖 끔찍한 상상과 걱정거리가 머릿속에 가득했어요.

그렇게 얍복 강에 홀로 남은 야곱은 밤새도록 어떤 사람과 씨름했어요. 야곱이 어찌나 끈질기게 붙들고 늘어졌던지, 씨름하던 상대는 자신이 도저히 이길 수 없음을

깨닫고 야곱의 허벅지 관절을 쳐서 그를 떨쳐내려 했어요. 그러나 야곱은 다리를 다쳐 절뚝이면서도 끝까지 놓지 않았어요. "나를 축복해 주세요. 축복해 주시기 전까지는 절대 안 보내 드릴 거예요." 결국 야곱에게 붙잡힌 그 사람은 야곱을 축복해 주었어요. "너의 이름은 이제 이스라엘이다." 이 이름은 야곱이 하나님과, 또 사람들과 겨루어 이겼다는 뜻이에요.

그 순간 야곱은 자신이 하나님을 뵈었음을 깨달았어요. 그리고 동이 터오는 하늘을 보며 지난밤 자신을 괴롭게 했던 두려움이 사라지고 있음을 느꼈어요. '두려워하지 마. 너는 이제 야곱이 아니야. 너는 이제부터 이스라엘이다.' 이전의 야곱은 늘 모든 문제를 혼자서 해결하려고 이리저리 계산하며 살아왔어요. 속이고 반칙하고 잔머리를 굴린 것은 스스로 자신을 지키려 한 어리석은 방법이었죠. 그랬던 야곱이 이제는 이스라엘이 되었어요. 스스로 문제를 해결하기 위해 애쓰는 사람이 아니라, 하나님께 문제를 해결받는 사람이 되었어요. 하나님의 복을 받은 사람이 되었어요. '그래, 하나님도 뵈었던 내가 어찌 형이라고 못 만날까! 용기 내서 걸어가자.'

그래요. 바뀐 것은 단순히 이름만이 아니었어요. 하나님을 만난 뒤로 그는 달라졌어요. 하나님을 뵙고 나니, 형을 만날 용기가 생겼어요. 또 형을 만나면 지난날 야곱으로 살아온 자신이 저지른 잘못에 대해 진심으로 용서를 구해야겠다고 생각했죠. 이제는 이스라엘이 되었으니까요. 하나님은 야곱에게 새로운 이름만 주신 것이 아니라, 새로운 마음과 새로운 인격을 주신 거예요.

형을 만나러 가는 내내 야곱의 머릿속에 가득했던 걱정거리가 씻은 듯이 사라졌어요. 밝은 해가 떠올랐어요. 이스라엘은 도망칠 수조차 없는 다리를 절뚝거리며 앞으로 걸어갔어요. 형이 화를 내며 쫓아왔냐고요? 두 사람은 서로의 목을 부둥켜안고 엉엉 울며 멋지게 화해했답니다.

여러분 안에는 어떤 문제들이 있나요? 어떤 걱정들이 여러분을 괴롭게 하나요? 혹시 여러분도 그 문제와 걱정을 야곱처럼 내 힘으로, 내 판단으로 해결하려고 계산하고 있나요? 권모술수로, 잔머리로, 반칙으로 주변을 속이는 사람이 되지 마세요. 하나님을 만나세요. 하나님은 지금도 우리에게 이렇게 말씀하신답니다. "두려워하지 마, 이스라엘! 너는 사람들의 발꿈치를 잡는 야곱이 아니라, 나를 붙잡는 이스라엘로 살아가라. 나를 만나면 너 역시 달라질 거란다. 나와 함께하자. 내가 해답을 줄게." 이렇게 좋으신 하나님을 의지하세요. 우리도 이제는 새로운 마음과 새로운 믿음으로 하나님과 함께 걸어가자고요!

함께 기도해요

하나님, 오늘도 우리에게 새로운 하루, 새로운 마음을 허락해 주셔서 감사해요. 살면서 만나게 되는 두려운 일들, 걱정스러운 일들 앞에서 오늘 들은 말씀을, 야곱의 새 이름을 기억하게 해 주세요. 두려워하지 않고 하나님을 붙드는 믿음을 우리에게 허락해 주세요. 예수님의 이름으로 기도합니다. 아멘.

6단원

3 나는 **반석이 될 거야**

배울 말씀 마태복음 16장 13～19절

새길 말씀 또 내가 네게 이르노니 너는 베드로라 내가 이 반석 위에 내 교회를 세우리니 음부의 권세가 이기지 못하리라 (마 16:18)

"시몬, 이제 너는 베드로, 즉 반석이다." 예수님께서는 제자 시몬에게 베드로라는 이름을 주셨어요. 베드로는 '바위, 든든한 반석'이라는 뜻이죠. 그가 얼마나 듬직한 사람이었기에 예수님께 이런 이름을 받았을까요?

예수님을 처음 만났을 때, 시몬은 동생과 함께 갈릴리 해변에서 그물을 손질하고 있었어요. 예수님은 어부인 그에게 다가와 이렇게 말씀하셨어요. "나를 따라오거라. 내가 이제 너를 사람을 낚는 어부가 되게 하겠다." 예수님은 그를 제자로 부르셨어요. 시몬은 곧장 그물과 배를 과감히 버려두고 예수님을 따라나섰어요.

그 뒤 예수님은 시몬과 그의 동생 외에도 다른 열 명을 제자로 부르셨어요. 세금을

걷는 세관원, 어부 형제와 시골 촌뜨기, 과격한 데모꾼, 소심한 유대인 등 예수님이 제자로 부르신 열두 명의 사람들은 공통점도 별로 없고, 잘난 구석도 좀처럼 찾을 수 없는 사람들이었어요. 그중 시몬은 유난히 행동이 앞서서 실수도 잦고, 괜히 나섰다가 예수님께 크게 혼도 나는 제자였죠.

제자들은 늘 실수했어요. 예수님이 알려 주시는 것들의 진정한 의미도 제대로 알아채지 못했어요. 그럼에도 예수님은 부족한 제자들에게 기도를 알려 주시고, 하나님 나라에 관한 말씀을 들려주시고, 사랑으로 사람을 대하는 법을, 모범을 보여 가르쳐 주셨어요. 그렇게 제자들과 함께 지내는 동안 예수님은 점점 유명해지셨어요. 기적을 일으키시고, 아픈 사람들을 고쳐 주시는 예수님을 향해 사람들은 엘리야가 다시 돌아왔다고도 하고, 세례 요한이라고 하는 사람도 있었어요.

그러던 어느 날 예수님께서 제자들에게 물으셨어요. "너희는 나를 누구라고 생각하느냐?" 그때 시몬이 나서서 대답했어요. "예수님! 주는 그리스도이시고, 살아 계신 하나님의 아들이십니다!" 예수님은 시몬의 신앙 고백을 매우 기뻐하시며 칭찬해 주셨어요. 시몬을 '베드로'라고 부르셨죠.

자신을 '반석'이라고 부르시는 예수님을 볼 때, 베드로의 마음은 어땠을까요? '내가 어딜 봐서 바위 같은 사람이지?' 조금은 부담스럽고, 한편으로는 뿌듯했을

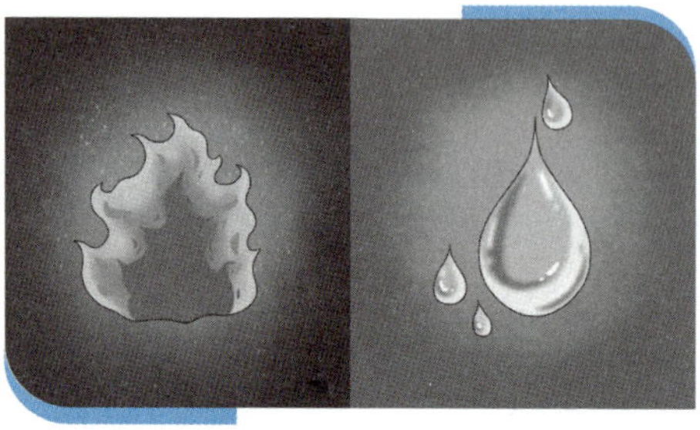

거예요. 사실 그는 반석이라는 단어와는 거리가 멀었거든요. 위험하게 번질 듯이 일렁이는 '불' 같다고 하셨다면 또 모를까. 아니면 금방이라도 컵 바깥으로 왈칵 쏟아져 버릴 '물' 같다고 했다면 베드로도 금방 고개를 끄덕였을 거예요. 칭찬도 받았지만 혼도 많이 난 제자니까요. 하지만 예수님은 물이나 불이 아닌, 반석이라는 뜻의 베드로라는 이름으로 그를 불러 주셨어요.

성격 급한 시몬, 욱하는 시몬은 지금 당장 베드로라 불릴 만큼 변치 않는 믿음을 가진 사람은 아니었어요. 그러나 시몬의 새 이름은 '우직하고 듬직한 바위, 반석'을 뜻하는 베드로였어요. 물론 예수님께서 시몬의 그 고백에 감동하셔서 베드로라는 이름을 주신 것은 아니에요. 그 후로도 한참 동안 베드로는 자기 이름과는 거리가 멀었죠. 베드로가 반석이 되어가는 과정은 길고도 더뎠지만, 그는 천천히 예수님의 말씀처럼 반석으로 변해갔어요. 나중에는 교회를 지키는 훌륭한 사도로 성장하여 예수님을 위해 목숨을 바쳤으니까요.

예수님이 보신 것은 시몬 안에 있는 베드로의 모습이었어요. 예수님은 이미 어부 시몬을 처음 부르셨을 때부터, 앞으로 든든한 반석 같은 믿음의 사람으로 변화될 그의 모습을 보셨던 것이죠. 그리고 예수님은 시몬 안의 베드로를 발견하신 바로 그 눈으로 여러분의 모습도 바라보고 계세요. 여러분은 지금 실수 많은 시몬인가요, 반석 같은 베드로인가요? 우리는 아마 지금 시몬에서 베드로로 변해가는 과정 중에 있을 거예요. 베드로가 그랬던 것처럼 우리에게도 길고 긴 시간이 필요하겠죠. 하지만 우리는 믿고 기대해요. 우리도 마침내 베드로처럼 예수님이 내 안에서 발견하신 그 이름으로 불리게 될 것을요. 그렇게 변함없는 믿음을 가진 사람으로 자라날 것이라고요. 그리고 여러분이 정말 그렇게 되기를 전도사님과 선생님들도 모두 함께 기도할게요.

사랑하는 어린이 여러분, 시몬의 믿음이 예수님 안에서 베드로의 믿음으로 눈부시게 성장해 갔다는 오늘 말씀을 기억하세요. 여러분의 믿음도 그렇게 점점 든든하고 변함없는 반석으로 자라나기를 진심으로 축복해요. 오늘 말씀을 듣는 여러분의 마음속에 이런 결심이 생겨나길 바라요. "나는 반석이 될 거야!" 함께 큰 소리로 외쳐 봐요. "나는 반석이 될 거야!"

함께 기도해요

하나님, 주님을 예배하게 하시니 감사합니다. 우리도 베드로처럼 변함없고 든든한 믿음을 가진 사람이 되기로 결심했어요. 예수님께 '베드로'라고 불릴 수 있게 우리를 도와주세요. 날마다 믿음에 믿음을 더해 주세요. 예수님의 이름으로 기도합니다. 아멘.

6단원

4 예수님의 **이름들**

배울 말씀 요한복음 4장 13~15절, 23~26절

새길 말씀 그들이 날마다 성전에 있든지 집에 있든지 예수는 그리스도라고 가르치기와 전도하기를 그치지 아니하니라 (행 5:42)

(이번 주 설교는 성경 인물들의 가상 편지글과 성경 구절을 설교자와 어린이들이 교독하는 형식으로 구성하였다. 별도의 암기나 연기 지도가 필요하지는 않으며, 성경 말씀을 직접 힘 있게 선포해 예수님의 이름의 의미를 마음에 새기도록 이끈다.)

여러분, 혹시 그 사실 알고 있나요? 성경에서 예수님이 다른 이름으로도 불린다는 것을요. 예수님은 어떤 이름으로 불렸고, 또 그 이름에는 어떤 의미가 있을까요? 오늘은 여러분에게 예수님의 이름을 소개하는 세 사람의 편지를 읽어 줄 거예요. 예수님과 이름이 같은 여호수아, 태어날 예수님의 이름을 천사에게 직접 들은 어머니 마리아, 그리고 예수님을 '그리스도'로 가르친 제자 베드로가 바

로 이 편지의 주인공들입니다.

오늘은 여러분이 큰 역할을 해 줘야 해요. 잘 들어 보세요. 편지 내용이 끝나면 화면에 성경 말씀을 보여 줄 거예요. 그리고 제가 "성경은 이렇게 말합니다!"라고 외칠 거예요. 그러면 여러분은 화면에 나오는 말씀을 큰 소리로 함께 읽으면 됩니다. 잘할 수 있겠죠?

(설교자) 그럼 첫 번째 편지부터 읽어 볼게요.

여호수아의 편지 : 나는 여호수아예요. 모세의 뒤를 이어 이스라엘 백성을 가나안 땅으로 이끈 구약 성경의 인물이죠. 그런데 내 이름이, 예수님의 '예수'와 발음이 같다는 사실을 아는 사람은 많지 않을 것 같아서 알려 주려고요. '예수'라는 이름은 '예슈아', '예호슈아'로 발음하는데, 구약 성경을 기록한 언어(히브리어)와 신약 성경을 기록한 언어(헬라어/그리스어)가 서로 달라서 발음이 구분되었어요. 예수는 당시에 꽤 흔한 유대인 남자 이름이지만, 우리 예수님은 그 흔한 이름을 유일한 구원의 능력을 가진 강한 이름으로 바꾸셨답니다. "성경은 이렇게 말합니다!"

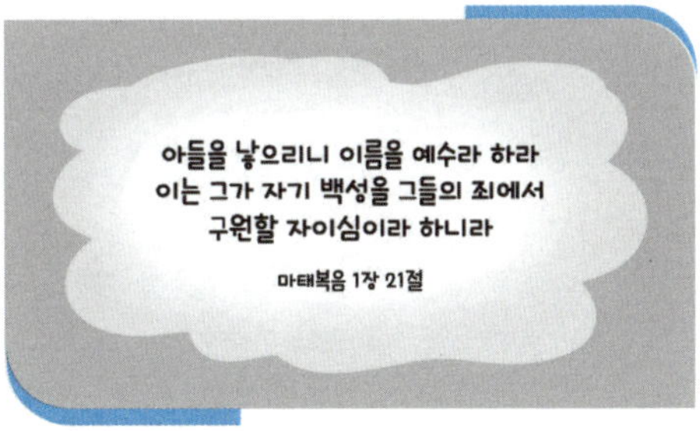

(어린이들) "아들을 낳으리니 이름을 예수라 하라 이는 그가 자기 백성을 그들의 죄에서 구원할 자이심이라 하니라(마 1:21)."

(설교자) 두 번째 편지에는 마리아의 이야기가 쓰여 있습니다.

마리아의 편지 : 저는 처녀의 몸으로 아기를 가진 마리아라고 해요. 어느 날 천사가 오더니 성령으로 잉태될 아기에 대해 이야기해 주었어요. 그 아기가 바로 이 땅

에 사람의 몸을 입고 태어나신 예수님이죠. 예수님은 자기들의 죄 때문에 하나님과 멀어진 사람들을 구원하시기 위해 하나님이 보내신 구원자, 우리가 기다리던 메시아세요. "성경은 이렇게 말합니다!"

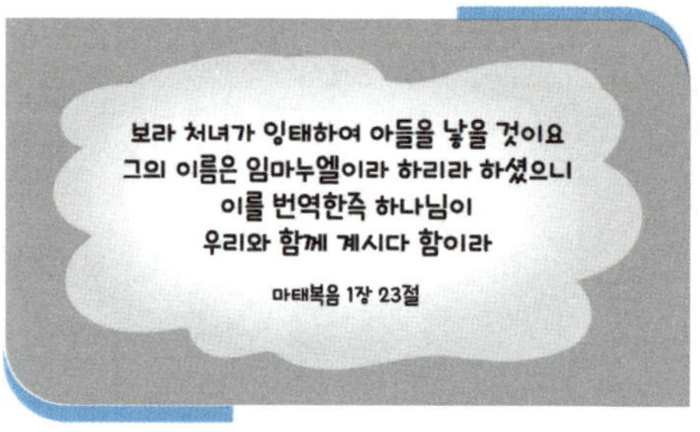

(어린이들) "보라 처녀가 잉태하여 아들을 낳을 것이요 그의 이름은 임마누엘이라 하리라 하셨으니 이를 번역한즉 하나님이 우리와 함께 계시다 함이라(마 1:23)."

(설교자) 마지막으로 세 번째 편지도 읽어 보죠.

베드로의 편지 : 저는 예수님의 제자 베드로예요. 예수님을 구원자로 믿는 사람들은 그분을 '그리스도'라고 불러요. 그리스도는 우리 유대인들의 히브리어 '메시아'와 같은 뜻을 가진 그리스 말이에요. '그분이 나의 구원자이시다'라는 믿음의 고백이죠. 십자가에서 죽으시고 사흘 만에 다시 살아나신 예수님은, 지금도 살아 계시고 영원히 우리와 함께하세요. 교회는 바로 이 살아 계신 예수님을 내 삶의 길과 진리, 생명으로 고백하는 사람들의 모임이랍니다. "성경은 이렇게 말합니다!"

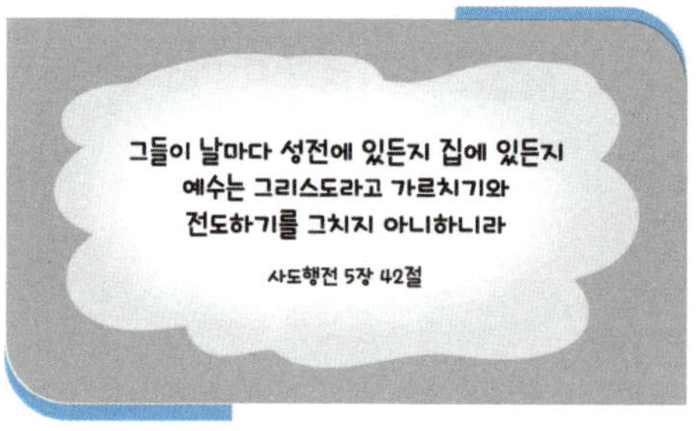

(어린이들) "그들이 날마다 성전에 있든지 집에 있든지 예수는 그리스도라고 가르치기와 전도하기를 그치지 아니하니라(행 5:42)."

(설교자) 우리 예수님께는 '그리스도'라는 다른 이름이 있어요. 예수님은 '예슈아', 자기 백성을 죄에서 구원할 이름을 가지셨고, 그 이름처럼 나의 '구원자', 그리스도이세요. 그리고 예수님은 '임마누엘', 지금도 우리와 함께 계시면서 그 이름을 나의 구원자로 고백하는 모든 사람에게 힘과 능력이 되신답니다. 예수님은 그 어떤 사람도 이 구원에서 제외되지 않고, 모두가 구원받기를 원하세요. 이 땅에 오셔서 세리와 죄인들의 친구가 되어 주시고, 아프고 병든 사람들을 찾아가 주셨듯이, 예수님은 지금도 모든 사람을 구원으로 초대하십니다. 그 이름의 권세, 예수님 이름의 능력을 믿는 저와 여러분은 구원받은 사람들이에요.

그럼, 마지막으로 가장 힘차게 외쳐 봅시다. "성경은 이렇게 말합니다!"

(어린이들) "누구든지 주의 이름을 부르는 자는 구원을 받으리라 하였느니라(행 2:21)."

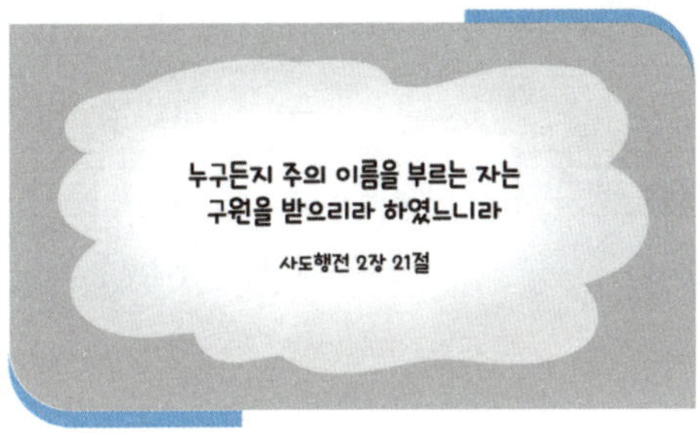

함께 기도해요

하나님, 우리에게 예수님을 보내 주셔서 감사해요. 오늘 우리가 함께 선포한 예수님의 이름을 기억할게요. 날마다 예수님의 이름을 외치며 살아가는 어린이들이 될게요. 예수님을 나의 그리스도로, 나의 주님으로 고백하는 우리의 결심이 변치 않게 해 주세요. 예수님의 이름으로 기도합니다. 아멘.

우리는 짝꿍

♩= 118

작사 김영경
작곡 김영경

15
F#m7
A/B
C#m
님 이 이어주 신 아 주 특 별 한 짝꿍 — 너 (You) 와 나(and me) 우
18
F#7
A/B
E
리 는 짝 꿍 — 어 려 울 때 힘 이 되 는 — (You're my best — friend)
21
C#m
F#7
A/B
E
너 (You) 와 나(and me) 우 리 는 짝 꿍 — 오 직 주 님 만 찬 양 해 — 요 —

내 마음 아시죠

♩= 72

작사 김영경
작곡 김영경

17
G D/F♯ Em G/D C G/B Am C/D
나 주님만 찬 양해요 나의 친구되신 예수님— 사 랑해요
21
G D/F♯ Em G/D C G/B Am C/D G
나 주님만 찬 양해요 나의 생명되신 예수님— 경 배 합 니 다

하나님 만드신 세상

작사 김영경
작곡 김영경

13 C/D DM9 Dm9 F/G G
너 무 소 중해ㅡ 너 무 특 별해ㅡ 아 껴 주 고 사 랑 할 래 요 ㅡ
17 C G/B E/G♯ Am F C/E Dm F/GG
하 나 님ㅡ 만 드 신 세 상 ㅡ 아 름 답 고 오 놀 라 워 라 ㅡ
21 C G/B E/G♯ Am F C/E Dm G C
하 나 님ㅡ 만 드 신 세 상 ㅡ 보 시 기 에 ㅡ 참 좋 았 더 라 ㅡ

아하! 바이블 큐브

시즌3 초등부 설교 자료집

펴낸날 2024. 12. 10.

펴낸이 김정석

엮은곳 기독교대한감리회 교육국
김두범

기 획 이은경 김용환 곽지혜

감 수 김철한 이익상 이진경

집 필 김선아 오현아 이예은 이창성 정완영 최영락

그 림 김유리

찬양·요절송 김영경 이화익

영상·교육자료 오현식 이예은 황사무엘 김동현 양재성 전영록

펴낸곳 기독교대한감리회 도서출판kmc
김정수
서울특별시 종로구 세종대로 149 감리회관 16층
대표전화 02-399-2008 **팩스** 02-399-2085
http://www.kmcpress.co.kr

등 록 제2-1607호(1993. 9. 4.)

디자인 시소디자인

인 쇄 천광인쇄사

ISBN 978-89-8430-940-1 04230
ISBN 978-89-8430-937-1 (세트)